frecce | 7

W0373130

I fatti narrati sono realmente accaduti. A tutela della privacy e delle indagini in corso, alcuni nomi di persone e di aziende sono stati sostituiti con nomi di fantasia.

redazione e impaginazione: refuso.net, milano

grafica di copertina: lucia bortolussi

grazie a luigi de zotti per la preziosa collaborazione

prima edizione: marzo 2015
© 2015 nuova dimensione
ufficio.stampa@ediciclo.it
www.nuova-dimensione.it

È vietata la riproduzione totale o parziale, effettuata con qualsiasi mezzo. Le fotocopie per uso personale del lettore possono essere effettuate nei limiti del 15% di ciascun volume dietro pagamento alla SIAE del compenso previsto dall'art. 68, commi 4 e 5, della legge 22 aprile 1941 n. 633. Le fotocopie effettuate per finalità di carattere professionale, economico o commerciale o comunque per uso diverso da quello personale possono essere effettuate a seguito di specifica autorizzazione rilasciata da CLEARedi, Centro Licenze e Autorizzazioni per le Riproduzioni Editoriali, Corso di Porta Romana 108, 20122 Milano, e-mail: autorizzazioni@clearedi.org e sito web www.clearedi.org.

ISBN: 978-88-89100-82-0

Serenella Antoniazzi
con Elisa Cozzarini

Io non voglio fallire

Un'imprenditrice in lotta per salvare la propria azienda

nuovadimensione

Ai miei genitori

Ho addosso la sensazione di essere ormai poco più che un cane randagio, con il pelo sporco e incolto, le zampe piene di fango, gli occhi tristi e terrorizzati. Sono senza pace.

Salgo in macchina e riparto. Mi ritrovo all'ingresso dell'autostrada senza rendermene conto. I camion sfrecciano alla mia sinistra, non guardo lo specchietto, mi immetto in corsia. Il clacson di un tir mi stordisce. Il ritmo del mio respiro cresce, eppure non sto correndo. La radio spenta mi lascia sola con il rumore delle ruote sull'asfalto, amplificato dalla pioggia, confuso con quello dei tergicristalli. Una leggera nebbiolina appanna la visuale.

Oltrepasso l'uscita di Portogruaro. Non posso affrontare Alessandro e mio papà, non posso portare a casa un'altra sconfitta, è solo colpa mia. Mi fermo a prendere il biglietto, ma sono troppo distante, allungo il braccio, non ci arrivo. Nemmeno questo so fare, prendere le misure per uno stupido biglietto dell'autostrada. Devo aprire la portiera e allungarmi, la cintura mi taglia la gola. L'ansia cresce.

Proseguo in direzione di Udine. Sono le cinque del pomeriggio, la luce è ancora chiara nonostante le nuvole, i pensieri volano in un turbinio di intrecci, le gocce di pioggia schiumano sul vetro. Lungo i finestrini laterali vedo le perle d'acqua rincorrersi, unirsi, formare rivoli tremanti agitati dall'aria e dalla velocità. Poi si lasciano andare e volano via. Si uniscono, tremano, volano via.

E se volassi via anch'io? Se accelerassi e chiudessi gli occhi, mi accorgerei solo dell'impatto e poi più niente.

PRIMA PARTE

La nascita

I telefoni rossi

Ricordo ogni dettaglio della cucina di quando ero piccola. D'inverno, in quella stanza, trascorrevamo la maggior parte del tempo. Era di formica beige, con una greca marrone scuro al centro dell'anta e i pomoli di ceramica abbelliti da una borchia bronzata. Sulla credenza spiccava un centrino a uncinetto perfettamente inamidato e, sopra, un portafrutta di ceramica bianca con alcuni agrumi finti. Quando faceva molto freddo, mia madre accendeva il forno per riscaldarci. Non avevamo ancora la stufa a legna.

A Natale anche l'albero stava in cucina: nell'angolo vicino alla finestra, con il piedistallo ricoperto di carta stagnola, la stessa in cui prima era avvolto il tabacco. Quell'anno era speciale, perché, insieme ai mandarini racchiusi nelle retine fatte a mano, sui rami erano appese delle monete di cioccolato, che brillavano alla debole luce di dicembre. A me sembravano preziosissime. Le aveva portate la nonna.

All'inizio di ogni mese, andava a ritirare la pensione all'ufficio postale e prima di rientrare si fermava in un piccolo alimentari del centro. Negli scaffali stretti e bui, stipati fino al soffitto di ogni genere di mercanzia, acquistava zucchero, olio, sale, scatole di latta piene di sgombro affogato nell'olio, farina per polenta, tabacco e cartine. Alla cassa, prelevava con delicatezza una banconota dal portamonete a clip, la accarezzava come se fosse una reliquia e con un sorriso gentile la porgeva al negoziante. Le poche lire di resto le usava per comprare le caramelle di zucchero per i nipoti. Sento ancora tra le dita la consistenza oleosa delle cartine bianche con la cornicetta rossa, gialla o blu che avvolgevano il nostro tesoro.

Quell'anno per Natale, al posto delle caramelle, la nonna aveva comprato le monete di cioccolato. La mamma le aveva aperte con cura, ritagliando da ognuna un dolce triangolino. Poi aveva richiuso la stagnola e aveva infilato nello spazio vuoto un filo rosso per appenderle all'albero. Io e Alessandro, rapiti dall'incredibile meraviglia, ci mettevamo in bocca i triangolini di cioccolato, succhiandoli il più lentamente possibile.

Quelle monete erano il nostro regalo. I miei genitori avevano contato e ricontato i soldi qualche giorno prima del 25 dicembre, ma non avanzava proprio nulla, dunque niente giocattoli. C'erano una casa e un capannone da ultimare, bisognava pagare il materiale, i muratori, il pane, il latte, la benzina. Il papà non lavorava più con le pale meccaniche tra le montagne di Veneto e Friuli. Ora faceva l'operaio alla Zanussi di Pordenone.

Quella di chiudersi in fabbrica era stata una scelta sofferta per un uomo abituato alla libertà del lavoro all'aria aperta, ma avvicinarsi a casa gli avrebbe permesso di seguire meglio le fasi di costruzione del capannone. Avrebbe fatto lui, in prima persona, molti lavori di manovalanza, con un notevole risparmio sui costi.

Il coraggio e la dignità dei miei genitori non avevano limiti. Mia madre usava scarpe di vernice nera con i buchi nelle suole, nemmeno il calzolaio riusciva più ad aggiustarle tanto erano consumate. Mio padre mangiava le parti povere del pezzo di gallina che ci dava la nonna, lasciando la carne a me e Alessandro.

Tutti questi sacrifici per creare l'azienda di famiglia.

Il giorno di Natale eravamo vestiti a festa. La mamma aveva confezionato due maglioncini uguali per me e mio fratello, con le maniche e la schiena color verde, il davanti a righe con i cuoricini rossi e tre bottoncini di madreperla sulla spalla, da slacciare per far passare la testa. Alessandro indossava pantaloni in panno beige con le bretelle e le cuciture marrone scuro, io una gonnellina svasata con margherite bianche di pannolenci sull'orlo. La stoffa veniva da Monza. Una vicina di casa della zia, benestante e di taglia forte, quando decideva di fare il cambio del guardaroba regalava tutto a lei. E la zia, a sua volta, consegnava gli indumenti a mia madre, che con pazienza scuciva e ricuciva quei tessuti di ottima qualità.

Avevo sei anni e vedevo negli occhi di mia mamma la tristezza di non poter passare le feste insieme ai nonni, in Brussa, perché la benzina costava troppo. Il profumo del brodo che bolliva sul gas riempiva la cucina di buono. Non avevamo la televisione, e come sempre, in occasione del Natale, il papà prese il vecchio proiettore super otto e dopo vari tentativi riuscì a farlo partire. Le pellicole erano rovinate, talvolta esplodevano bruciando interi fotogrammi. Per noi bambini era un'emozione incredibile quando riuscivamo a vedere tutta la scena, la storia di un soldatino o un lupo buffo con i pantaloni e le bretelle.

Il giorno della Befana, inaspettata, la fortuna bussò alla nostra porta. Quel pomeriggio il papà era andato al bar a giocare a carte, come faceva d'abitudine nelle giornate di festa. La mamma, invece, rimaneva sempre con noi.

Per il vincitore del torneo di briscola, il barista aveva messo in palio un premio gastronomico. Vinse mio padre. Non ritirò il premio, anche se avremmo mangiato volentieri tutte quelle prelibatezze. Chiese il valore equivalente in denaro e poi corse da Cesca, un negozio del centro che restava aperto fino a tarda sera. Quel posto era un regno incantato per i bambini. Le rare volte che la mamma ci portava a prendere un gelato di zucchero dopo la messa, rimanevo estasiata a guardare le bambole vestite come principesse, i fermagli scintillanti nei capelli, le scatole di perline con i fili colorati, le caramelle con le carte variopinte, più belle di quelle con la carta bianca.

Fra i tanti giocattoli, mio padre scelse due telefoni rossi.

Quando tornò a casa non disse nulla, è sempre stato un uomo di poche parole. Al momento di andare a letto, nella gelida cameretta, trovammo i nostri regali sui comodini. Alzando la cornetta emettevano uno squillo lieve, sentivamo solo un ronzio, ma a noi bastava per farci credere che le nostre voci arrivassero da lì e ci chiamavamo da sotto le coperte, felici come mai prima.

Anche da noi era passata la Befana, perché eravamo bravi bambini.

Da grande, ho sempre pensato che la scelta di nostro padre fosse nata dal desiderio di tenere uniti me e mio fratello. Era come se ci dicesse: "Qualsiasi cosa vi accadrà nella vita, bambini miei, ricordatevi di chiamare il numero che custodite nel cuore e il telefono rosso risponderà".

La nascita di AGA

Le nostre giornate passavano tra casa, scuola e il capannone. Quel luogo ci sembrava enorme. Correvamo dentro e fuori dai portoni sempre aperti, d'estate e d'inverno. Giocavamo a nascondino, ci rifugiavamo dentro i bagni, ci inseguivamo a perdifiato in quegli spazi immensi.

Di giorno non ci era permesso entrare in ufficio. Succedeva solo d'inverno, e noi ce ne stavamo lì a disegnare e giocare con la calcolatrice azzurra con i tasti bianchi giganti e il rotolo di carta che quando girava faceva un rumore assordante. La porta doveva restare sempre chiusa, per non far entrare troppa polvere e accogliere con decoro e pulizia clienti e fornitori.

L'AGA, la nostra azienda di famiglia per la pulitura dei metalli, nacque nel 1972. Fin dall'inizio fu una S.n.c., una società in nome collettivo, e da allora non abbiamo mai pensato di trasformarla in una società di capitali. Il nome veniva dalle iniziali dei due fratelli che la fondarono: mio papà e mio zio, Arnaldo e Giuseppe Antoniazzi. Li ricordo sempre all'opera, con le loro tute blu rinforzate sulle maniche per non bruciarsi. Davanti portavano un grembiule in cuoio, simile a quello dei macellai, per proteggere il corpo dai possibili contraccolpi delle macchine. Negli anni, accanto a loro, hanno lavorato e sono cresciuti tanti ragazzi, che poi si sono fatti una famiglia; alcuni ormai sono anche diventati nonni. È un orgoglio pensare che, nel nostro piccolo, abbiamo dato un contributo alla crescita del Paese, creando lavoro e benessere, a beneficio del tessuto sociale.

In quella che oggi è la zona industriale di Concordia Sagittaria, in provincia di Venezia, un tempo c'erano solo campi. Allora, prima di costruire il capannone, mio padre aveva una vita avventurosa: d'inverno batteva le piste da sci per i turisti facoltosi, senza invidia, guidando il gatto delle nevi con la voglia di costruirsi una vita migliore. Prestava soccorso quando c'erano slavine e tormente di neve, provvedeva alla pulizia e al controllo del manto stradale. Stava a casa pochissimo.

Quel sabato, 27 gennaio 1968, era rientrato dopo più di un mese di assenza, e poteva trattenersi solo qualche giorno. Nella notte tra domenica e lunedì nacqui io, la sua primogenita. Lui restò con noi poche ore, poi ripartì per Sella Nevea, in Friuli, verso il confine con l'Austria. All'anagrafe fui iscritta dallo zio Giuseppe.

L'anno dopo, per il mio primo compleanno, il papà era in montagna, impegnato nelle ricerche degli speleologi dispersi nell'abisso Gortani, sul Monte Canin. Conserviamo in ufficio con orgoglio, incorniciato, l'articolo di giornale su quella vicenda, con la foto dei soccorritori tra cui mio padre.

Poi il papà e lo zio costruirono l'azienda di famiglia, la prima in via Fratelli Cervi, vicino a casa. Ci mettevano un attimo ad arrivare e finalmente mio padre realizzò il sogno di stare accanto alla sua famiglia.

Nei successivi quarant'anni, tutt'intorno le fabbriche sono nate come funghi e le nostre case, se si cercano con lo sguardo dall'azienda, ormai non si vedono più.

Quello della pulitura dei metalli era un lavoro duro e pericoloso. Nel capannone, la luce filtrava dalle finestre in alto e si mescolava al bagliore artificiale dei neon, abbassati con le catenelle sulle postazioni operative. Qui i tubi piegati di comodini, testiere, porta-flebo ed elementi per l'arredo ospedaliero venivano passati sulle spazzole rotanti di grandi macchinari. Con il peso del corpo e la forza delle braccia bisognava contrastare l'azione respingente delle pulitrici, che ruotavano a tremila giri al minuto asportando dal ferro ogni imperfezione.

I potenti aspiratori che dovevano rimuovere quella polvere pericolosissima per i polmoni servivano a poco: alla fine della giornata mio padre e suo fratello avevano i volti così neri che sembravano minatori. E sulle pareti rasate di malta fina il bianco dell'intonaco ebbe vita breve.

Il rumore copriva ogni suono. Solo quando il motore a chiocciola del grande aspiratore veniva spento, nello stabile risuonavano le urla di noi bambini, in un'eco allegra che rimbalzava tra le pareti vibranti della fatica della lunga giornata.

A volte capitava di tornare nel capannone dopo cena, con la mamma, la zia, mio fratello e le cugine, perché il papà e lo zio lavoravano fino a tardi e le mogli, con calce viva e stracci, pulivano dal ferro i residui di pasta abrasiva.

Così l'azienda cresceva, aumentavano i dipendenti e il fatturato. Il guadagno veniva in parte accantonato, in parte investito in macchinari e prodotti nuovi. Saliva anche il fabbisogno di energia, in un'area attrezzata al massimo per l'uso domestico. Quando l'Enel costruì una cabina nel nostro terreno, partecipammo noi stessi alle spese: fu una grande conquista per l'azienda, la corrente non sarebbe più saltata continuamente.

Man mano, lo spazio del magazzino si riempì di materiale, anche di oggetti pericolosi per i bambini, e noi cominciammo a rimanere a casa con la nonna. A otto anni, badavo già da sola ad Alessandro e diventavo grande, cercandomi i miei spazi di libertà.

Presto iniziò la mia parentesi di vita lontana dal capannone.

Me ne andavo in giro con la mia bicicletta bordeaux, ridipinta dal papà nei punti in cui era rovinata, la sella blu e il manubrio basso. Mi trascinavo dietro mia cugina Monia, più piccola di un anno, coinvolgendola in avventure turbolente che mi costavano giornate intere di punizione chiusa in casa. La più grossa la combinai il giorno prima del matrimonio della sorella minore di mio padre.

Quell'estate la famiglia era in fermento per i preparativi del grande evento. Ora che ci eravamo conquistati un po' di benessere grazie all'AGA, tutto doveva essere perfetto. La zia viveva con la nonna e noi cugine avevamo assistito con trepidazione ai discorsi sul vestito e sull'acconciatura della futura sposa. Per farci sognare bastava l'idea che la parrucchiera sarebbe venuta a casa a fare i capelli alla zia, un evento senza precedenti. Intanto pettinavamo le pannocchie verdi del campo dietro casa, copiando le cantanti che vedevamo il sabato sera su *Canzonissima* a casa della nonna, dove era arrivata la TV.

La vigilia delle nozze, proposi a Monia di giocare a fare le parrucchiere. Avevo deciso di liberarla dalla condanna dei suoi capelli lunghissimi, racchiusi in una treccia meravigliosa. Ogni mattina subiva un'ora di spazzola per averli così belli e io la sentivo urlare da casa mia, mi faceva pena. Così senza pensarci le tagliai la treccia. I capelli si aprirono a ventaglio e ricaddero sul volto cicciottello a mo' di scopa. Gli occhi azzurri ereditati dal nonno brillarono di gioia e Monia sorrise compiaciuta. Spensierate, continuammo a giocare finché la mamma non tornò a casa e si scatenò l'inferno.

Finii in castigo per sempre.

Solo dalla nonna materna, in Brussa, ritrovavo la libertà. La notte giocavamo a nascondino al chiaro di luna, ai bordi dell'orto, inebriati dal profumo degli arbusti di viburnum. Dalla stalla arrivava lontano il muggito delle pezzate e dalle finestre aperte entravano e uscivano le rondini. Man mano che ci allontanavamo, il delicato profumo dei fiori bianchi spariva, sovrastato dall'odore del fieno.

Silenzio. Si sentivano solo i grilli. Poi, in un attimo, nel cortile scoppiava un gran vociare e correre da ogni lato, i sassi scricchiolavano sotto le scarpe.

«Tana!» Finiva sempre con un battito di mani, abbracci e salti di gioia tra cugini di tutte le età.

Ci ritrovavamo tutti nella casa dei nonni, emigrati dal Polesine in Brussa in cerca di fortuna. Si erano portati la camera da letto su un carro trainato dai buoi, insieme all'unica ricchezza in dote, le lenzuola in lino ricamate a mano.

Sento ancora il profumo di quei luoghi, il sapore della panna che si addensava sulla superficie del latte bollito, il gusto dei quadretti di pane vecchio abbrustoliti nel burro caldo per la merenda. Ricordo ogni dettaglio del casolare, le alzate di legno che portavano al granaio, la camera dei nonni con le lenzuola tirate, i cuscini disposti alla perfezione, la coperta a uncinetto di lana colorata e la bambola seduta al centro del letto, con il vestito di pizzo, gli occhi azzurri e i capelli biondi ormai sbiaditi. Sui centrini ricamati del comò stavano il pettine, la spazzola, la scatoletta per il talco e la foto color seppia dei nonni appena sposati.

Io restavo incantata a osservare la disposizione degli oggetti nello spazio e sognavo da grande di fare l'arredatrice. Trovavo in quella stanza l'essenza dei miei nonni: la fede, l'amore, la rara capacità di essere se stessi, semplici, senza voler apparire. Percepivo la speranza che li aveva portati fin lì, alla ricerca di un futuro migliore, lontano dalla fame, nella campagna bonificata della Brussa, dove la terra era stata strappata al mare e coltivare costava fatica.

Le radici della nostra famiglia affondano in una storia di miseria e sacrifici.

Anche quando l'AGA fu ben avviata e furono assunti operai e apprendisti, noi restammo sempre con i piedi ben saldi a terra. La vita quotidiana cambiava poco.

Avevamo una piccola vigna, le galline nel pollaio e il maiale, prezioso e indispensabile; per lui coltivavamo patate e zucchine nell'orto, per farlo crescere sano e forte. La stabilità economica ci regalava più tranquillità, ma i miei genitori continuavano a spendere il denaro con il massimo rispetto, senza sperpero né vanto.

Un giorno finalmente comprammo la prima televisione. Fu una festa. La mettemmo in cucina, su un mobiletto nuovo acquistato apposta, con quattro colonnine attorcigliate e due mensole. Le trasmissioni iniziavano alle cinque. A quell'ora, d'inverno, ci sedevamo a tavola, con la stufa a legna accesa. La mamma preparava il karkadè. Io e Alessandro avevamo diritto a ben cinque biscotti bucaneve ciascuno: li infilavamo nelle dita come fossero anelli e li bagnavamo appena nel liquido rosso fumante, per non farli sciogliere.

Ci sentivamo ricchi.

Siamo cresciuti così, tra le mura di un capannone e il calore della cucina, con le fiabe e le vecchie storie che ci raccontava la mamma, le stesse che si narravano un tempo nelle stalle.

Ora che il mio destino ha cambiato rotta e l'AGA sta rischiando il fallimento, ripenso spesso alla mia preferita: è *La primavera di un crisantemo*, una storia triste all'apparenza, ma per me un inno alla vita, la prova che l'amore e la speranza vincono sul male. Il crisantemo, in Estremo Oriente, simboleggia la vita.

«In un paesino sperduto nella pianura ricoperta di neve» raccontava la mamma, «l'inverno non dava tregua ai poveri abitanti. Nella casa più piccola e povera vivevano una donna in fin di vita e la sua giovane figlia. Si riscaldavano con il calore dell'unica capra che tenevano con loro e si nutrivano del suo latte. A loro bastava l'amore profondo e sincero che le legava per essere felici, ma una sera il silenzio ovattato fu interrotto da una serie di colpi forti e insistenti che fecero vibrare la porta di casa.

"Sono la Morte" disse una figura nascosta da un mantello nero. "Per tua mamma è arrivato il momento di partire". La donna sollevò a malapena il capo dal letto, mentre la figlia tremava. "Tuttavia" continuò la Morte "in questi giorni vi ho osservato e non ho mai sentito lamentele; avete vissuto ogni attimo come la cosa più bella che potesse accadervi, pertanto voglio farvi un regalo: avete ancora cinque giorni per dirvi addio".

Lasciò un fiore con cinque petali a scandire il tempo che restava e disse loro che quando non ne fosse rimasto più nemmeno uno sarebbe tornata per portare a termine il proprio dovere. Quindi scomparve nella nebbia.

La bimba rimase seduta al tavolo, con una candela accesa a illuminare la stanza. Teneva in mano quello splendido fiore giallo, che sarebbe stato un dono meraviglioso se le fosse stato regalato per un'occasione diversa. Triste e sfinita, la piccola stava per abbandonarsi al sonno quando le venne un'idea. Prese le forbici e cominciò a tagliare i petali in striscioline sottili facendoli diventare tantissimi.

Passati cinque giorni, la figura nera con il mantello tornò puntale.

"Gentile Signora, siete arrivata troppo presto, guardate quanti petali ci sono ancora" disse la bimba sorridendo.

La Morte scoppiò in una risata terrificante e si chinò sulla piccola: "Sento il battito impaurito del tuo cuore. Potrei gelarti il sangue con un soffio, se lo volessi, ma non lo farò. Sei stata astuta a beffare l'oscura Signora, ma ricordati che alla fine dei petali tornerò e non ci saranno più sconti".

Nell'attimo in cui la bimba si voltò sorridente verso la madre, la figura nera svanì e le lasciò in vita ancora per lunghi anni».

Fu così anche per la mia famiglia. Vivemmo per molto tempo del nostro lavoro, risparmiando, senza chiedere aiuto a nessuno, grazie alla grinta e alla perseveranza di mio padre e all'amministrazione oculata di mia madre.

L'ingresso in azienda

In un battito di ciglia, a sedici anni, svanirono i giochi spensierati di Concordia e la gioia della Brussa, e arrivò anche per me il momento di entrare in azienda, lasciando andare il mio sogno di studiare e fare l'arredatrice. Infilai la tuta blu da metalmeccanico due taglie più grandi della mia ed entrai in fabbrica a tempo pieno. L'attestato di segretaria d'azienda finì nel cassetto, impossibile proseguire gli studi.

La mia non era la vita di una ragazza normale.

La calce viva mi incendiava naso e gola, avevo la pelle segnata dalle scottature del ferro rovente, i polpastrelli incisi dalle estremità dei tubi. Sulle mani porto le cicatrici di quei giorni, posso sentirne ancora oggi la durezza.

Due anni dopo, appena finiti gli esami di terza media, anche Alessandro fece il suo ingresso in azienda. Giorno dopo giorno, nella postazione accanto a mio padre, imparava sul campo i trucchi del mestiere.

Io lavoravo alle loro spalle, quasi a voler proteggere quel ragazzo timido che aveva accettato il suo destino senza fiatare. Nemmeno a lui qualcuno aveva chiesto che progetti e sogni avesse per il futuro. Essere lì era un dovere nei confronti dei nostri genitori, non un sacrificio. Per chi ha un'azienda di famiglia, la strada è spesso segnata.

Imparammo a fare tutto, dal lavoro manuale alla gestione dei clienti, senza il lusso di un po' di tempo libero.

Una domenica pomeriggio, un incontro mi cambiò la vita. Un caro amico venne a prendermi e riuscì a convincere i miei genitori a lasciarmi andare a ballare. Saremmo tornati presto, non c'era da preoccuparsi, garantiva lui. Con il cuore a mille, mi preparai per la mia seconda volta in discoteca.

Era il 9 marzo 1986, faceva ancora freddo e il riscaldamento della Renault 4 rossa del mio amico non funzionava, oltre al fatto che lui teneva il finestrino abbassato perché fumava. Arrivammo ghiacciati alla mitica Luna 72 di Giussago. Ero disorientata, seguivo la comitiva per paura di fare qualche brutta figura. Si avvicinò un ragazzo alto e magrissimo, con i capelli neri corti, la carnagione olivastra e gli occhi scuri. Mentre lui chiacchierava con gli altri, io cercavo di decifrare il colore dei suoi occhi, ma era troppo buio.

Mi rivolse un sorriso brillante, lo stesso di oggi.

«Piacere, Celentano» scherzò. Mi girava intorno con il passo del "molleggiato", sussurrandomi all'orecchio parole di una canzone che mi mandarono in visibilio. Fu amore a prima vista.

Gli mancavano due mesi per finire il servizio militare, poi finalmente da Udine sarebbe tornato nella sua amata Lignano, dove avrebbe ripreso il lavoro di idraulico per una piccola azienda.

Nel mare in burrasca della vita, Loris fu da subito il mio faro e oggi, a distanza di tanti anni, bastano uno sguardo, l'accenno di un sorriso e scatta l'intesa, senza bisogno di parole.

Anche nel lavoro il rapporto con Loris mi ha cambiato. Siamo cresciuti insieme, io imprenditrice, lui dipendente: negli anni abbiamo imparato a metterci uno nei panni dell'altra, a vivere le situazioni dal punto di vista opposto, a comprendere la necessità di rispetto e riconoscenza reciproca. Ci siamo appoggiati l'una all'altro, in una giovinezza segnata dal lutto per la perdita improvvisa dei suoi genitori e schiacciata dal peso delle mie responsabilità.

A diciott'anni, senza volerlo, mi ritrovavo un'attività da mandare avanti, scadenze e incombenze da rispettare.

Ma avevo conquistato un briciolo di libertà, per me e per mia mamma. Presi la patente e comprai una Fiat 126 bianca, era l'inizio di una nuova vita. Il sabato la accompagnavo a fare la spesa. Lei si aggrappava alla maniglia sopra la portiera e restava immobile, in silenzio, per non distrarmi. Sono certa che, mentalmente, pregava la Madonna che non ci succedesse niente. La profonda educazione cristiana ne aveva fatto una donna umile e dolce, con un amore infinito per i suoi figli.

Mio padre aveva piena e totale fiducia in me. Così, quando decise di comprare la parte di attività dello zio, il mio ruolo in azienda divenne ancora più importante. Giovanissima, mi trovai un bagaglio di cambiali da pagare e responsabilità più grandi di me.

L'AGA ripartiva svantaggiata, un pezzo di famiglia era volato via e lasciava una ferita dolorosa. Ma mio padre era forte, determinato ad andare avanti: come quando aveva abbandonato le sue montagne per scendere a Concordia e costruire una fabbrica, anche adesso era pronto a partire per una nuova avventura.

Nel capannone ricavammo un locale isolato, dove non potesse entrare la polvere di ferro della pulitura metalli, e con l'aiuto di un esperto di levigatura iniziammo la nostra attività nel settore del legno d'arredo.

Dall'AGA cominciarono a uscire coperchi per comò e comodini, cappelli di armadi con linee barocche stile Luigi XIV, testiere, ripiani, mensole.

Acquistammo una "fregadora", ossia una levigatrice a nastro, e spostammo il grande aspiratore dal reparto metalli a quello del legno. Dalla polvere nera alla polvere bianca prodotta dalla levigatura. Dall'inferno al paradiso.

Io passavo dall'uno all'altro locale per controllare, immersa nella mia tuta enorme che toglieva ogni indizio di femminilità. Nessuno faceva caso al mio look, ero semplicemente la figlia del capo.

La vera novità fu che con la levigatura del legno entrarono in azienda le prime lavoratrici e finalmente ebbi qualcuno con cui parlare. Quando facevamo solo la pulitura dei metalli, in azienda ero l'unica ragazza. Stavo in silenzio per ore, circondata da uomini più grandi di me, e le giornate mi sembravano lunghissime. Evitavo anche di lavarmi le mani nel bagno comune, per non rischiare di ascoltare discorsi imbarazzanti. Mi limitavo ai saluti e rispondevo velocemente alle rare domande sulle mansioni lavorative.

Tra le prime operaie ci fu Sonia, la mia testimone di nozze, che lavora ancora con noi. E Loredana, che non potrò mai dimenticare. Se n'è andata in un tragico incidente, lasciando orfana una bambina piccola. Oggi Stefania, sua figlia, fa parte della squadra.

Ogni lavoratore ha portato un pezzo di sé in azienda: le oltre cento iscrizioni sul libro matricola rappresentano le oltre cento vite che si sono incrociate, a volte scontrate, tra le mura del nostro capannone.

Alla fine del 1988 finimmo di pagare tutti i debiti seguiti all'acquisto della parte dello zio Giuseppe, staccammo dal pavimento le pulitrici a colonna, con tutti i bulloni e i piedistalli, e destinammo il capannone alla levigatura. Il passato era alle spalle. L'AGA manteneva il suo nome, ma nasceva una seconda volta.

Una seconda vita

La rosa dei clienti cresceva e nel 1991 decidemmo di ampliare il capannone. La parte già esistente sarebbe diventata un magazzino per il carico e lo scarico delle merci, e nella nuova costruzione sarebbe nato il laboratorio.

Alessandro partì come Alpino per Tarvisio, per il servizio di leva, mentre io mi preparavo a coronare il sogno di tante ragazze: il matrimonio. Era tutto calcolato: per la data delle nozze, il 19 settembre 1992, avremmo ultimato i lavori e mio fratello sarebbe tornato a casa.

La vita familiare e quella aziendale si mischiavano al punto che ogni cosa ruotava attorno all'AGA, a pranzo e a cena non si parlava d'altro, e la mamma spesso rimaneva in silenzio, esclusa da quel mondo.

Erano trascorsi sei anni dal giorno in cui ero entrata in azienda e sentivo di aver fatto passi da gigante. Ero soddisfatta, desiderosa di progredire ancora. Ascoltavo con attenzione i consigli dei clienti: visionavano il materiale in lavorazione e ci spiegavano i trucchi per ottenere risultati migliori nel minor tempo possibile.

Il prezzo, all'epoca, veniva calcolato a minuti. Era semplice: guadagnavi, per esempio, se riuscivi a fare un cassetto in un minuto anziché in due.

Nel settore del mobile, le aziende erano per lo più a gestione familiare, nate come la nostra per il desiderio dei fondatori di cambiare vita. I capannoni spuntavano come funghi, soprattutto nel Pordenonese, un sottobosco ottimale per avviare un'attività. Lì si concentravano tutte le grandi aziende, l'autostrada permetteva di raggiungere facilmente ogni destinazione, c'erano i "padroncini", come venivano chiamati in quegli anni i proprietari dei camion. Da soli coprivano anche le tratte più lunghe, fino alla Sicilia, passando intere settimane fuori casa e lasciando i figli fra le braccia delle mogli, per ritrovarli adulti quando le ruote del camion erano ormai logore. Non esistevano ancora le grandi aziende di trasporto di oggi.

Si lavorava con il sistema del "dopo incasso". In pratica, non c'era bisogno di anticipi da parte delle banche perché si veniva pagati alla naturale scadenza delle fatture. Era un'epoca fa, quando la parola di un uomo aveva ancora un peso morale.

Noi siamo rimasti ancorati a quel tempo, per questo non abbiamo trasformato l'AGA in una società di capitali, in cui la responsabilità dei soci è limitata e il patrimonio personale non viene intaccato. In una società in nome collettivo, come la nostra, si risponde in prima persona, il nome è sinonimo di garanzia e la parola data è un patto più importante di una firma.

Non che tutto in quegli anni andasse sempre a buon fine, ma a differenza di oggi eravamo in una fase di crescita, il lavoro si trovava facilmente, la disoccupazione non esisteva. Se c'era qualche imprevisto, era più semplice da risolvere e a noi tutto sembrava possibile.

I risparmi non restavano in banca a garanzia delle operazioni aziendali, erano il nostro salvadanaio, a cui attingere in caso di necessità. Fu con quel gruzzolo che realizzammo i lavori di ampliamento e ristrutturazione dell'AGA. Avremmo potuto affidare tutto a terzi, invece anche questa volta, pur di contenere i costi, mio padre si rimboccò le maniche e trascorse i sabati e le domeniche a eseguire lavori di manovalanza, con l'aiuto di un amico muratore.

Passammo le ferie di agosto a traslocare nella parte nuova

del capannone. Sapeva di buono, era un vero e proprio laboratorio con macchinari all'avanguardia per l'epoca, ordinato, funzionale, accogliente, con un sistema di aspirazione moderno, nuovi banchi di lavoro, ogni postazione con il suo impianto ad aria compressa, i neon, la caldaia, una porta scorrevole per dividere il laboratorio dal magazzino. D'inverno, pensavo con sollievo, non sarebbe stato più necessario indossare i doposci.

La fatica fisica era compensata dal guadagno economico. Ora che avevamo un capannone più grande, non ci mancava proprio nulla. I rapporti con le banche erano distesi, l'attività era viva, solida, affidabile. Il magazzino, sempre pieno, si svuotava e riempiva in rapida successione. Solo l'ufficio non era cambiato, sempre piccolo, con i mobili obsoleti. Ma era pulito, accogliente e pieno di ricordi.

Avevamo un'unica ambizione: continuare a vivere tranquilli, mantenere la stabilità economica data dal lavoro, senza accumulare tesori nascosti, beni o immobili.

Avevamo ingrandito la casa, sistemato il giardino, cambiato l'auto, comprato la TV a colori, piccole e grandi conquiste che davano gusto alla vita. Ero fiera di poter contribuire concretamente all'avanzamento dei lavori nella casa di Loris, che presto sarebbe diventata la nostra casa.

Valutavamo e soppesavamo qualsiasi nuovo progetto o acquisto secondo i mezzi di cui disponevamo, perché nessuno avrebbe dovuto bussare alla nostra porta per un debito non saldato. Questo era il primo insegnamento che mi aveva dato mio padre: lavora, risparmia, compra, paga. Se non ce la fai, aspetta, non essere precipitosa e non pretendere che siano gli altri ad aspettare. Se lo facessi, il tuo comportamento potrebbe metterli in difficoltà.

Così ho sempre fatto, finché ho potuto, e oggi che non è più possibile, mi vergogno.

Mio padre è cresciuto in un'epoca in cui mostrare i propri sentimenti, per un uomo, era segno di debolezza. Eppure sono sicura che talvolta, nel suo cuore, fa fatica a trattenere ciò che prova. Solo in due occasioni l'ho sentito tremare d'emozione accanto a me. Una fu il giorno del mio matrimonio.

Era tutto perfetto: l'arrivo dei parenti, le tavole imbandite, le gerbere rosa, le foto di rito nella camera da letto dei miei, l'applauso alla sposa, il sole di settembre che rendeva radiosa ogni cosa. Se non fosse stato per il peso dell'assenza dei genitori di Loris, penserei di aver vissuto un sogno. Io e il papà arrivammo davanti alla cattedrale di Concordia a bordo dell'auto d'epoca che un cugino ci aveva prestato, e quando scendemmo lui si aggrappò forte al mio braccio. Sentii un fremito nella sua camminata sicura, come se le gambe gli stessero cedendo. Poi, in chiesa, incontrando lo sguardo di Loris, restò immobile con il braccio attorcigliato al mio.

«*La sposa un furlan, el pol star tranquillo!*» "Sposa un friulano, può stare tranquillo" scherzò don Pietro, e una sonora risata sciolse la tensione. Il papà prese posto accanto alla mamma, in prima fila, e le voci bianche dei bambini guidate dalla vecchia mia insegnante di musica diedero inizio alla cerimonia.

A Ronchis, venti chilometri da Concordia, mi aspettava una nuova vita. Ero felice, anche se c'era qualcosa tra quelle mura che mi impediva di sentirmi a casa.

La sera, quando rientravo, le luci erano spente, le stanze fredde, mi mancavano il profumo della cucina e la voce della mamma dopo una giornata di lavoro. Eppure io e Loris avevamo riempito le pareti con le foto della nostra storia. Solo il suo abbraccio riusciva a scaldarmi il cuore in quelle settimane frenetiche, nelle poche parentesi di quiete domestica, prima che in un attimo fosse di nuovo lunedì.

Negli anni di fidanzamento avevo scelto con cura gli oggetti per arredare ogni stanza, sapendo precisamente dove li avrei collocati. Non riuscivo a spiegarmi perché non mi dessero emozione. Anche la libertà di andare a letto quando volevo, di uscire senza i vincoli imposti dai miei era una novità, eppure non ne godevo.

Ci vollero anni prima che io e Loris ci rendessimo veramente conto che a decidere del nostro mondo dovevamo essere noi. Il problema vero era che tutto girava intorno ai fabbisogni dell'azienda. Qualcosa cambiò solo qualche anno dopo, i primi di dicembre.

Profumo di resina

Ogni incertezza nella nostra vita matrimoniale fu colmata dall'arrivo di Alberto. Era giunto il momento magico in cui una coppia si completa, e da due si diventa una persona sola, non annientati né sopraffatti. In tempi diversi, il pensiero di un figlio salvò prima Loris, poi me, dal buio. Diventando papà, lui ricominciò a sentirsi parte di una famiglia e ricucì in qualche modo lo strappo delle parole in sospeso, mai pronunciate, tra lui e suo padre.

La mattina, la sveglia suonava prestissimo e poco prima delle sette eravamo tutti e tre in cucina per la colazione. A volte Alberto era così assonnato che non c'era verso di togliergli il pigiamino. Lo avvolgevo in una calda coperta di *pile* e lo infilavo in macchina ancora addormentato, per portarlo dalla nonna prima di correre al lavoro.

Neve, pioggia, nebbia, sole, lui era sempre con me. Rivedevo i suoi occhi solo a mezzogiorno, per il pranzo. I suoi primi passi, le prime parole, la frutta del pomeriggio, tutto questo mio figlio l'ha condiviso con la nonna, non con me.

Il nostro spazio insieme era la macchina. Per farlo divertire, gli raccontavo storie di gnomi e draghi. Controllavo che stesse bene attraverso lo specchietto retrovisore, sempre puntato verso il seggiolino sul sedile posteriore macchiato di succo di frutta.

Ancora adesso, che è indipendente, ho l'istinto di guardare indietro, in cerca di lui e di tutti i momenti che abbiamo perso mentre io inseguivo il mio lavoro. Le mamme artigiane non hanno diritto alla stessa maternità delle lavoratrici dipendenti.

Eravamo all'inizio di dicembre del 1998, e Alberto aveva appena scoperto il calendario dell'Avvento. Spettava a lui aprire una finestrella ogni mattina. Infilava il dito in un angolo e trafficava per conquistarsi il quadratino di cioccolato senza rovinare l'immagine natalizia sullo sfondo. Lo annusava incantato e ce lo offriva.

«Senti che profumo, mamma».

Io e Loris ne mangiavamo a turno un pezzettino per farlo contento, il resto era per lui, gli si scioglieva in bocca lasciandogli stampato sul viso un delizioso sorriso di cioccolata. Compravamo il calendario tutti gli anni alla pasticceria Tiffany di San Michele al Tagliamento.

Dalle finestre apparivano uno scarpone, un pacco regalo, le renne, Babbo Natale, la stella cometa. Alberto era in estasi, eppure non chiedeva mai di aprire due finestrelle alla volta: sembrava quasi che volesse vivere l'attesa assaporandone ogni istante.

Aveva due anni e mezzo e capiva che tutto stava cambiando intorno a lui: i negozi si riempivano di luci colorate, le vie del centro di Latisana scintillavano, la gente correva da un posto all'altro carica di pacchi. Non c'erano vetrine vuote, come oggi. Si iniziava presto a fare le compere, per dedicare gli ultimi giorni prima delle feste allo scambio degli auguri, a una visita affettuosa, al tè con i biscotti davanti a un vecchio film. Per noi il Natale significava famiglia, prima di ogni altra cosa.

Un lunedì mattina passai al mercato di Concordia, dove il vivaista aveva appena scaricato gli alberi e li aveva sistemati sul muretto lungo l'argine del Lemene. Gli dissi che volevo l'abete più bello per mio figlio. Desideravo regalargli la magia del Natale, era abbastanza grande, pensavo, per ricordarsene.

«Allora, mia cara signora, si fidi di me e prenda questo».

Indicò un albero enorme, avvolto da un sacco di iuta. Era quello che cercavo, elegante, con un lungo tronco e la punta allungata, così maestoso che non riuscivo ad abbracciarlo. Costava quarantamila lire, avrei dovuto mentire a Loris sul prezzo, ma ne valeva la pena. Il problema era come portarlo a casa con la mia Fiat Uno carta da zucchero.

«Non si preoccupi, torni dopo il lavoro e vedrà che lo sistemeremo in qualche modo» mi rassicurò il fiorista.

Ero al settimo cielo, al lavoro non riuscivo a pensare ad altro. Caricammo l'albero sulla capotta, con il tronco che usciva abbondantemente dal retro dell'auto e in fondo il fagotto che racchiudeva le radici, avvolto in un nastro bianco e rosso per farci notare.

«Signora, l'importante è che non superi i trenta all'ora e arriverete tutti e tre sani e salvi a destinazione».

«Tre?»

«Lei, suo figlio e l'albero».

Per fortuna quando passai dai miei a prendere Alberto era già buio e loro non si accorsero di nulla. La nonna raccontò del pomeriggio trascorso insieme, dei cartoni, delle fiabe, la merenda, i combattimenti dei dinosauri, poi un bacio e via verso casa.

In macchina la punta dell'abete oscillava pericolosamente, gli aghi grattavano la carrozzeria, e io immaginavo la faccia di Loris. Attraversai Latisana come una diva, con la gente che si fermava a guardarmi.

A casa le luci del giardino erano spente, come sempre. Salii in cucina, dove Loris stava accendendo il fuoco nel camino.

«Ciao, tesoro, ci sarebbe l'albero da scaricare...»

«Ok, lo faccio tra poco».

Scese appena prima che i tortellini in brodo fossero pronti. Pochi istanti dopo mi chiamò da fuori, i vetri tremarono.

«Sereee!!!»

I vicini uscirono, stupiti da quell'urlo.

«Sì, dimmi, qualcosa che non va?»

«No certo, a parte il fatto che dovremo fare un buco nel soffitto per far stare l'albero in salotto e portare l'auto in carrozzeria. È un miracolo che le corde non si siano spezzate».

Aveva ragione, ero stata un'incosciente. Però, quando liberammo l'abete dallo spago e dalla iuta, davanti a noi si aprì un albero magnifico, verde brillante, rigoglioso al punto che tra i rami più alti trovammo un nido ancora intatto, con dentro due uova bianche a macchie marroni. La gioia di Alberto era incontenibile.

L'8 dicembre lo addobbammo. Alberto passò a Loris la punta rossa e oro, perché la infilasse sulla cima. L'avevamo comprata da Cesca, lo stesso negozio dove mio padre aveva acquistato i telefoni rossi per me e Alessandro. In quel momento mio marito ritrovò l'incanto del Natale, tanto tempo dopo la perdita dei suoi genitori.

Da allora il primo che arriva a casa la sera accende una lanterna sul davanzale della cucina, di colore e forma diversa, a seconda delle stagioni. Superata l'ultima curva, appena vedo quella luce mi sento a casa, nel mio porto sicuro, so che Loris è lì, con tutto il suo amore.

Levigare antine

Il mercato del mobile era in continua evoluzione. Laccati dai colori più diversi entravano di prepotenza nelle case di tutto il mondo, vecchi mobili carichi di ricci e intagli venivano sostituiti da linee lisce e lucide, maniglie in alluminio prendevano il posto delle vecchie gocce di ottone. I servizi di piatti e bicchieri, prima in bella mostra, finivano dietro a vetri satinati con serigrafie in superficie, i lavandini a colonna, re delle stanze da bagno, si circondavano di scaffali, specchi, mensole e antine dai disegni fantasiosi. Passavamo da un colore eccentrico all'essenzialità delle linee nel giro di poche ore.

Lavoravamo ancora con il sistema del "dopo incasso", aspettando la scadenza pattuita con il cliente per utilizzare i soldi. Pagati gli stipendi, i contributi, l'IVA, i fornitori, riuscivamo sempre a mettere da parte una somma di denaro. Non ci facevamo trovare impreparati dalle tasse di maggio, le ferie d'agosto, quando la produzione si ferma e le uscite restano comunque fisse e onerose, l'acconto di novembre, le tredicesime di dicembre, lo sforzo per far fronte ai contributi doppi in gennaio. Operavamo pensando al futuro.

Le regole erano le stesse di oggi, ma vigeva ancora un'etica personale e professionale, i clienti ti pagavano sempre nei tempi stabiliti. Non pagare equivaleva a essere un ladro, un truffatore. Adesso sembra una moda, anche chi potrebbe saldare una fattura alla giusta scadenza gioca con il fornitore come il gatto con il topo.

Sembrano secoli fa. I nostri problemi erano diversi. La mole di lavoro aumentava, avevamo appena acquistato una nuova macchina levigabordi, c'era bisogno di personale. La difficoltà, adesso, era trovare manovalanza maschile.

Da qualche anno i ragazzi che portavano i curriculum per un paio di mesi di stipendio estivo non c'erano più. Assumere apprendisti era diventato più difficile, le norme sempre più rigide, specie per le aziende con muletto e macchinari in movimento come la nostra. Ma, soprattutto, il benessere delle famiglie non spingeva i giovani all'indipendenza, avevano già tutto.

Nel cambio generazionale fra noi e i nostri padri, forse si è persa un po' di umiltà. «A mio figlio non farò mancare niente» dicevamo. Ciò che non dovremmo far mancare è lo studio, certo, ma anche il sudore e la fatica per guadagnarsi le cose.

Invece ci siamo lasciati prendere dal desiderio di vedere i nostri ragazzi vestiti con abiti di sartoria e colletto bianco, senza pensare che potessero lavorare in fabbrica, come se l'operaio fosse una professione di secondo grado, adatta solo a chi è privo di istruzione e capacità. Abbiamo dimenticato chi siamo, un popolo che si è sporcato le mani per far crescere l'Italia. E ci sembra quasi di essere crudeli se mandiamo nostro figlio a lavorare, mentre i suoi coetanei vanno a bere aperitivi.

È vero, la fabbrica lascia poco spazio. La giornata comincia presto, una breve pausa pranzo e si continua a lavorare fino a tardo pomeriggio. Poi sei stanco, non hai l'energia di andare in palestra, non hai tempo per un giro al centro commerciale.

Offrivamo un lavoro così, poco ambito. Sembrava quasi che dovessimo essere noi ad adattarci alle nuove esigenze dei candidati.

Allora sono arrivati gli immigrati, che hanno colmato questo vuoto mentre noi non ci rendevamo conto che la vita può cambiare in un attimo e qualsiasi mestiere onesto merita rispetto.

Assumemmo i primi due ragazzi neri della zona industriale di via Fratelli Cervi. Il loro ingresso fu una novità in azienda, specie per mio padre. Nella polvere bianca, Frank e Michael si notavano subito.

Giorno dopo giorno, le poche parole scambiate in pausa caffè iniziarono a sciogliere il guscio di diffidenza. Intravvedevamo un mondo lontano, eppure vicino. Entrambi erano padri, vivevano di affetti familiari, pensavano alle mogli e ai figli lasciati in Ghana, speravano di portarli presto in Italia.

A fine giornata, a volte, ci si intratteneva a chiacchierare un po' di più. Così scoprii che, come i miei nonni erano partiti dal Polesine per cercare una vita migliore in Brussa, Frank e Michael dall'Africa inseguivano il loro sogno in Italia: far studiare i figli e farli uscire dall'ignoranza e dalla povertà.

Ci volle l'aiuto di don Pietro per convincere qualcuno a dare loro una casa in affitto vicino all'azienda, altrimenti avrebbero dovuto licenziarsi. Vivevano a Pordenone, insieme ad altri ghanesi, e senza patente stava diventando troppo difficile fare i pendolari.

Così Frank e Michael entrarono a far parte della famiglia allargata dell'AGA. Li aiutammo a imbiancare e arredare la casa, con la cucina di formica beige di quando ero piccola, il lampadario a canfino di ceramica bianca e tende, lenzuola, tovaglie che non usavamo più. Le operaie dell'AGA donarono coperte, maglioni caldi e giubbotti pesanti.

Tra noi e loro la convivenza era bizzarra, non sempre facile. Avevano un atteggiamento diverso verso le responsabilità. Era difficile far capire che, almeno quando sei in fabbrica, il lavoro viene prima di tutto, devi farlo con impegno, rispettando tempi precisi. Per le necessità personali bisognava aspettare la fine dell'orario lavorativo.

Noi, d'altra parte, non comprendevamo lo stile di vita africano. Ci sembrava tutto strano e sgradevole: il cibo, l'odore della pelle, anche se Frank e Michael ci aprivano una finestra su un mondo reale che, più del nostro, metteva al primo posto l'esigenza dell'uomo.

Se ne andarono dopo circa tre anni. Frank partì per l'Inghilterra, dove lo attendevano i suoi fratelli. Michael riuscì a portare in Italia la sua famiglia e trovò un altro lavoro a Pordenone. La comunità ghanese della città lo aiutava a curare l'inguaribile nostalgia di casa.

A distanza di tempo, ricevetti da Frank una statua africana in legno, che raffigurava la maternità. Mi commossi al pensiero che si ricordava di me.

Io intanto, presa dalla frenesia del lavoro, dalla gestione della casa e della famiglia, non mi accorgevo che gli anni scivolavano via.

Nel 1999 Alberto cominciò l'asilo, lo stesso che avevo frequentato io. Arrivavo presto la mattina e mi fermavo un po' a guardarlo giocare. Suor Umbertina mi raccontava di situazioni familiari difficili e di come la madre superiora prestasse il suo aiuto. Aprii gli occhi sul mondo, scoprendo che, al di fuori del mio capannone, era un pullulare di vite e storie.

Io e Loris stavamo bene, avevamo due stipendi e nessun debito. La domenica pomeriggio la consacravamo alla famiglia. D'inverno andavamo da Tiffany a prendere la cioccolata calda e un ovetto magico per Alberto. D'estate facevamo pic-nic e gite: l'acquario di Trieste, il Museo di Storia naturale, il dinosauro trovato sul Carso, i cannoni di Redipuglia, le farfalle di Bordano.

Eravamo sempre noi tre, non avevamo una compagnia con cui uscire. Mi resi conto che avevo bisogno di vivere anche dentro la società.

Cominciai a collaborare alle attività organizzate dall'asilo: la recita di Natale, la festa di fine anno, davo un contributo anche economico, volevo essere d'aiuto per i bambini. Era qualcosa che mi riempiva di gioia, mi portava in un mondo colorato.

Quando Michael e Frank partirono, al loro posto arrivarono Luigi e Valeriu dalla Romania, Vasile dalla Moldavia. Vasile era solo in Italia, lontano dalla sua giovane sposa e dalla figlioletta Donatela. Era difficile per me restare fuori da queste vicende. Le storie che mi aveva raccontato suor Umbertina all'asilo, la nostalgia di casa dei ragazzi dal Ghana. Sapendo di poter dare una mano, non riuscivo a starmene in disparte, mi angosciava l'idea dell'inerzia e mi imbarcavo in avventure complicate, spesso andando contro i consigli dei miei familiari. Pensavo che un giorno, se ci fosse stato bisogno, qualcuno si sarebbe ricordato di me.

Così aiutai anche Vasile a trovare una casa confortevole, che soddisfacesse i requisiti per il ricongiungimento familiare. Il dramma del distacco dalla sua famiglia aveva toccato i cuori di tutta la squadra dell'AGA. Sapevamo che i due giovani si erano separati con la paura di non rivedersi più e fu una festa quando la richiesta di ricongiungimento fu accettata. Vasile non disse niente, ma i suoi occhi parlavano per lui. Con le ragazze, preparammo per la piccola Donatela grembiule, zainetto, bavaglino e asciugamano rosa perché andasse in asilo dalle suore.

Luigi e Valeriu erano giovani e minuti, e furono accolti nella famiglia fin da subito. Valeriu era sempre sorridente, arrossiva per qualsiasi cosa. Mio padre era severo con loro, ma sapeva anche scherzare; li trattava come dei figli. E Alessandro insegnava loro con passione i trucchi del mestiere.

In quel pugno d'anni all'interno della squadra dell'AGA c'era stato un profondo cambiamento. Le ragazze che erano entrate come apprendiste ormai erano donne mature. Alcune si erano sposate e trasferite a diversi chilometri di distanza, altre erano diventate mamme e avevano dovuto lasciare il lavoro. In Italia è difficile conciliare maternità e lavoro in fabbrica, se i nonni non sono disponibili e devi pagarti una baby-sitter.

Attorno a me e Sonia si formò una squadra nuova, con Rita, Tiziana, Ana, Ilaria, Samira e Stefania. Nei primi mesi era soprattutto Sonia ad affiancare le nuove arrivate, per trasmettere loro tutte le conoscenze del mestiere, mentre io mi muovevo tra laboratorio, magazzino e ufficio.

Io e Sonia siamo autodidatte, cresciute insieme, fianco a fianco, con fantasia e dedizione. Abbiamo assistito al cambiamento delle mode nel mondo dell'arredamento, evaso commesse nate dalla fantasia di stilisti incompresi. Le nostre dita hanno aggredito con la carta abrasiva superfici dure e aspre come rocce.

Da noi non si lavora come robot, si parla, si usa la creatività. Solo così si riesce a essere completi, si impara a trovare soluzioni in autonomia.

Levigare può sembrare un'attività facile, per cui non sono richieste qualità particolari. Per noi non è così. Il nostro impegno è concentrato sull'asportare dalla superficie dei pannelli in poliestere il più piccolo difetto. Ogni elemento va curato come se un giorno dovesse arredare le nostre case. Levighiamo elementi per mobili di qualsiasi forma e genere, per bagni, cucine, salotti, mensole, ripiani, credenze, tavolini, colonne, vetrine. Asportiamo gocce e grumi con la carta abrasiva, stucchiamo i buchi.

Nel capannone, il rumore degli aspiratori sovrasta lo sfregare della carta, ma dopo anni riesci a sentire la musica del movimento, a capire come cambia in base alle fasi di lavorazione, ti accorgi quando i gesti diventano sinfonia e quando è il momento di smettere.

Il braccio si muove sincronizzando polso e dita, la forza viene distribuita in modo uniforme. La superficie all'inizio viene solo sgrezzata, più si avanza nelle lavorazioni più sono necessarie precisione ed esperienza. Alla fine chiudi gli occhi e accarezzi i pezzi finiti con i polpastrelli liberi dai guanti e tocchi la perfezione. Impercettibile, solo una goccia del nostro sudore resta impressa sulla superficie levigata.

Noi siamo l'ultimo passaggio prima della finitura, niente deve essere lasciato al caso. A volte, però, quando soffio via la polvere dalle ante per controllare che tutto sia a posto, mi capita di trovare frammenti di smalto di colori strampalati. Sono di Stefania. Non li tolgo, li lascio andare, le antine verranno verniciate ma un pezzetto di noi rimarrà dentro la casa di una famiglia, in un piccolo appartamento dove qualcuno, da solo, si sta rifacendo una vita.

Io, ricoperta di polvere bianca, stanca dopo i lavori più duri, sono orgogliosa di far parte di qualcosa di grande, la qualità del Made in Italy. Se un giorno l'AGA non esisterà più, avrò lasciato in eredità le mani sapienti delle mie operaie.

Va quasi tutto bene

Fino a poco tempo fa, mi illudevo che nella realtà, alla fine, andasse sempre tutto liscio.

Nel 2003 riuscimmo a tornare a galla dopo un incendio doloso che aveva distrutto il capannone. Le mie certezze lavorative erano crollate per la prima volta di fronte alla malvagità degli uomini. Qualcuno era entrato in azienda nella notte tra il 3 e il 4 gennaio, e aveva cosparso di acetone i cartoni e decine di bancali imballati con le ante levigate, pronte per la consegna.

C'erano volute ore prima che il materiale ignifugo sprigionasse le fiamme, intanto si era creato un enorme braciere, che al mattino esplose come un vulcano. Mio padre era fuori, sul punto di entrare, quando un vicino l'aveva fermato per scambiare due chiacchiere sulle feste appena trascorse. Così lui si era accorto di un calore anomalo che usciva dai muri.

Fu un segno del Signore, aprì con cautela la porta antipanico. Se fosse entrato di getto, le fiamme lo avrebbero travolto.

Allora l'AGA ripartì da zero, grazie ai nostri risparmi e al boom economico, ma l'odore del fumo ci rimase addosso per anni. Sui muri, nascosto sotto l'intonaco chiaro, era inciso il passaggio nero del fuoco.

Nonostante questo, la stabilità economica scacciava i brutti pensieri. Una strisciata di bancomat e portavo a casa il gioco che desiderava Alberto, l'abbigliamento all'ultima moda, la borsa che mi colpiva e poi finiva nell'armadio, insieme alle altre. Senza accorgermene, accumulavo oggetti materiali, ma potevo permettermi anche gesti di bontà, per rendere un poco migliori le vite degli altri.

Avevo incontrato persone come Elena, una donna solare con un bambino speciale, che mi aiutavano a riequilibrare i valori della vita. Attraverso i suoi occhi scoprivo quali erano le difficoltà di una mamma in lotta contro un sistema in cui la disabilità non è contemplata.

I sabati e le domeniche non erano più dedicati solo a me, Loris e Alberto. A scuola nostro figlio si era fatto un amico, Massimo. Fu un incontro prezioso, perché scoprii molte cose in comune con Isabella, sua mamma, e la sorella Saschia, che vivevano a poche centinaia di metri dalla casa dei miei. Cominciammo a frequentarci, i nostri mariti fecero amicizia e nel giro di pochi mesi il salotto di casa si riempì di vita. Mi sembrava impossibile una simile armonia tra estranei. Tra una birra e una fetta di torta casalinga, discutevamo di lavoro e politica. Ci concedevamo il lusso di confidenze personali, confessavamo dubbi, paure, rimpianti, tuffi in un passato che non puoi non ricordare con persone di fiducia. Poi Isabella si ammalò.

L'AGA iniziava ad avere qualche problema per la crisi, eppure davanti al dramma della mia amica le mie difficoltà sembravano poco importanti. E lei riusciva a essere sempre positiva.

Decidemmo di andare un paio di giorni in Austria, per cambiare aria e farle sentire la nostra vicinanza. In una valle isolata, dove c'erano solo una chiesetta e l'albergo a gestione familiare in cui stavamo, trovammo la pace della montagna e io, per la prima volta, vidi la bellezza della notte che scendeva dalle vette.

Ero come sospesa nelle nuvole, ma le mie certezze scricchiolavano.

A casa, quando la mattina rifacevo il letto prima di andare al lavoro, prendevo la maglietta di Loris, la avvicinavo al naso per riempirmi del suo profumo e pensavo che nulla avrebbe potuto allontanarci.

Mi ripetevo che per stare tranquilli bastava lavorare e comportarsi onestamente.

Con i primi sentori della crisi, Vasile ci lasciò, colse l'occasione di un lavoro come autista a diversi chilometri da noi, con uno stipendio più alto.

Un'altra delle nostre operaie, Ana, fu ricoverata per un tumore. Era arrivata dal Montenegro, ma da anni viveva a Concordia, i suoi figli si consideravano italiani. Le volevo bene e lei, lontana dai suoi cari, aveva bisogno di me. La aiutai a prendere gli appuntamenti per le visite e per il ritiro degli esiti. Le fummo tutti vicini, anche dopo la malattia. Quando rientrò al lavoro, facevamo in modo che i lavori pesanti non toccassero mai a lei.

In quel momento, per l'AGA sarebbe stato meglio ridurre il personale e i costi, ma come potevo fare una cosa simile?

Decidemmo di resistere e dare priorità alle persone, piuttosto che al calcolo economico.

La crisi che riempiva i giornali e le televisioni non era più lontana. Cadeva l'illusione che l'Oceano Atlantico fosse lì a proteggerci dall'onda anomala degli Stati Uniti. Al nostro cancello si presentavano sempre più spesso uomini e donne a lasciare il curriculum. Portavano il messaggio che fuori dalle nostre mura stava succedendo qualcosa di grave. Tra il 2008 e il 2009, il nostro committente principale, con cui lavoravamo senza problemi da dodici anni, con stima e fiducia reciproca, perse senza preavviso il suo cliente più importante: un colosso tedesco, impossibile da sostituire in breve tempo nel contesto di crisi del mercato italiano.

Era necessario investire nell'acquisto di una nuova macchina levigapiani, per poter fornire al cliente un prodotto finito, dovevamo diventare più competitivi. I dipendenti accettarono uno stipendio senza straordinari, piuttosto che lasciare a casa uno di loro. L'azienda dava da vivere a dieci famiglie, oltre alle nostre.

Ottenemmo un prestito per l'acquisto del macchinario, i nostri risparmi erano agli sgoccioli. Non sapevamo che avremmo dovuto prepararci a tempi più bui. Così, quando alla fine del 2009 conobbi Giacomo Beltrame, socio minoritario di ANTEA S.r.l., pensai che fosse la nostra salvezza. Si aprivano le porte di una nuova opportunità lavorativa, ricominciai a respirare.

Lavoravamo regolarmente, senza il boom degli anni precedenti, ma tutto sommato andava bene così, potevamo concederci un po' di respiro. Portavamo addosso la stanchezza dei tempi in cui avevamo dato il massimo.

L'esperienza nel campo della levigatura ci permise di ottenere fin da subito la fiducia dei titolari e del capofabbrica. Ero orgogliosa di lavorare per un nuovo committente che aveva sbocchi sul mercato estero: con la levigatura completavamo il ciclo di lavorazione prima della verniciatura, e una parte di noi viaggiava sui tir verso Paesi lontani. Nessun altro ci avrebbe messo mano, la fiducia nella nostra professionalità era totale. Restavamo piccoli, privi dei mezzi più innovativi, ma il nostro sapere ci rendeva insuperabili.

I fratelli Masiero

Navigavamo con cautela nel mare agitato del 2009 e 2010, ponderando ogni spesa. Grazie alla nuova levigapiani eravamo in grado di produrre di più, ma nel frattempo molti clienti risentivano pesantemente della crisi. Il fatturato era diminuito notevolmente.

Giorgio Boccato, il nostro commercialista, era preoccupato per gli studi di settore. Avevamo troppi dipendenti, erano diventati un elemento "non congruo". Contano i numeri, non le persone. La presenza in azienda del doppio dei dipendenti che servirebbero è una zavorra, bisogna liberarsene quanto prima, non ha senso attingere ai propri risparmi.

Mi dicevo però che la crisi non sarebbe durata in eterno. Buttare via come stracci il personale, che negli anni era cresciuto con noi, aveva acquisito esperienza, nozioni, bravura, ci avrebbe fatto perdere la nostra forza e, soprattutto, era disumano. Abbiamo tenuto duro per due anni, senza appesantirci di debiti, onorando pagamenti e oneri, abbassando il riscaldamento, spegnendo le luci.

Tutto proseguiva a rilento, per inerzia. Nessuno si dava davvero da fare per prevenire crolli del mercato, arginare ondate negative e rassicurarci. Anzi, i media ci terrorizzavano, ma la drammaticità di una notizia si perdeva nell'allarme successivo, ormai ci eravamo assuefatti alla crisi.

Le associazioni di categoria ci inviavano aggiornamenti sulle emissioni di anidride carbonica nell'atmosfera e sul cambiamento climatico, ci invitavano a corsi di primo soccorso, seminari antincendio, lezioni per la guida del muletto.

Carte, burocrazia, spese: fino a quando andava tutto bene si pagavano senza riflettere, adesso mi domandavo di cosa stavamo parlando, l'emergenza più grande era mantenere i posti di lavoro. Cominciavo a capire cosa intendeva Elena, maestra elementare, quando diceva che la continua richiesta di documenti e passaggi da un ufficio all'altro metteva in secondo piano la centralità del bambino. Ci stavamo perdendo l'essenzialità delle cose. Ma Elena non dimenticava nessuno dei suoi piccoli uomini.

Avremmo avuto bisogno di una guida, per essere pronti davanti alla catastrofe in arrivo. Invece eravamo soli con una montagna di carte.

Vedevamo spesso in azienda Giacomo Beltrame, non ci eravamo accorti di nessun movimento strano, alle nostre orecchie non erano arrivati pettegolezzi.

A fine gennaio 2011 l'annuncio che ANTEA avrebbe fatto slittare le scadenze dei pagamenti non mi allarmò: fino a quel momento erano stati corretti e puntuali, ed è considerato normale postdatare le scadenze del 10 gennaio al 10 febbraio, costringendo talvolta l'azienda a sconfinare dai fidi.

Mi rassicurarono. Avvertii la banca, c'era spazio di manovra, dunque tutto liscio.

Ci incontrammo all'inizio di febbraio.

Il viso dei dipendenti di ANTEA era teso. Sembravano più spaesati di me, come se non fossero al corrente di nulla. Ad accoglierci non c'erano più i vecchi titolari. Giacomo Beltrame mi presentò a un giovane di bell'aspetto, con un sorriso affabile e un fare nervoso: Simone Masiero. Al suo fianco stava una donna gelida, impassibile, la sua assistente. Quell'uomo era il nuovo proprietario di ANTEA insieme al fratello Fabrizio, che in quel momento non c'era.

Senza girarci troppo intorno, Masiero mi propose un aut aut: o il pagamento della metà del debito maturato con la precedente gestione, circa 70.000 euro, o una rateizzazione dell'intero importo in dodici mensilità, con uno sconto non trattabile del 4% sull'imponibile. Ma se avessi scelto la prima opzione non sarebbero arrivati più ordini per l'AGA. Non c'era possibilità di dialogo: prendere o lasciare. Assicuravano che il lavoro, con la nuova gestione, sarebbe raddoppiato.

In macchina, appoggiai il foglio pieno di numeri e date sul sedile del passeggero e partii verso casa.

Provavo rabbia e paura. Cosa avrei dovuto fare? Perdere metà del fatturato, dopo avere sostenuto le spese, e restare senza il nostro cliente principale, oppure accettare, stringere i denti e credere in quelle promesse? Ne parlai con mio padre e mio fratello, spiegai la situazione alla banca e decidemmo per la seconda opzione, attratti soprattutto dalla prospettiva di aumentare il fatturato, mentre tutti lo ridimensionavano.

La fatica non ci spaventava, eravamo pronti a remare controcorrente per uscire dall'inferno, difendere l'azienda e il nostro futuro. Bisognava stare calmi e lavorare, tutto qui. Me lo ripetevo ogni sera, come una preghiera, per convincere me stessa e allontanare il presentimento che ci fosse qualcosa che non andava.

La novità adesso era che Giacomo Beltrame veniva in azienda ogni giorno.

Sbrigavo di nascosto le commesse per gli altri clienti, non mi sentivo più padrona a casa mia. Cercavo di concentrarmi solo sul lavoro, che in effetti stava aumentando. Anche i pagamenti, uno dopo l'altro, andarono a buon fine.

Andavamo avanti, dieci ore al giorno, a testa bassa, in silenzio, come muli. I dipendenti ci seguivano. A volte mi chiedevo cosa sarebbe successo se non ce l'avessimo fatta, se un giorno non avessi potuto pagarli: si sarebbero ricordati che l'azienda non li aveva abbandonati e aveva messo mano ai risparmi per stare a galla? Scacciavo subito questo pensiero.

Arrivammo sfiniti al 23 dicembre 2011. Il brindisi tradizionale, con la consegna della confezione di Natale e i grembiuli nuovi, fu teso: le ferie erano state abbreviate dalle solite due settimane a una sola.

Avevamo ordini per tutto gennaio e febbraio 2012. Rientrammo subito dopo Capodanno, con l'albero di Natale e le decorazioni in ufficio a farci compagnia, lontani dai nostri figli anche in questo periodo. Faceva freddo. Ma avevamo vinto la battaglia. Pagati tutti gli arretrati, io e Alessandro ricominciammo a portare a casa uno stipendio regolare.

A fine gennaio 2012 per la prima volta mi trovai da sola con Fabrizio Masiero. L'avevo visto una volta, mi sentivo una nullità davanti a lui. Parlava di noi fornitori come di sanguisughe che chiedevano troppo per quel che offrivano, invece di essere riconoscenti. Rimasi in silenzio, sconvolta. Mi diede un assegno datato 20 gennaio 2013. Dovetti sedermi per non svenire. Avevamo appena sistemato il pregresso, superato un anno tremendo e adesso bisognava ricominciare da capo.

Promise che sarebbe stata un'eccezione, le scadenze di febbraio sarebbero state evase regolarmente, anzi, il lavoro sarebbe aumentato. D'altra parte non avrei dovuto dimenticare, disse, che al cancello da loro, ogni giorno, si presentava qualcuno pronto a sostituirmi l'indomani senza tante storie.

Oggi so che la cosa più saggia sarebbe stata fermarsi, non farsi usare come spazzole per le scarpe. Il mio problema, però, era lo stesso di molte piccole aziende della nostra zona: la monocommittenza, in cui spesso si sfiora l'abuso di dipendenza economica tra imprese, disciplinato per legge. In pratica, se il tuo lavoro si basa esclusivamente su un cliente, a un certo punto diventi ricattabile, perdi autonomia e libertà.

A causa del posticipo dell'assegno fui costretta a fare una cosa che non avrei mai immaginato di poter fare: non pagare i contributi dei dipendenti, in totale 86.000 euro in dieci mesi. E intanto il lavoro aumentava in modo spropositato, facevamo straordinari su straordinari. Il fatturato cresceva: da circa 24.000 euro mensili eravamo passati a 45.000 euro, ma aumentavano anche i debiti, perché non incassavamo. Le entrate derivavano dai clienti minori e raggiungevano a malapena i 3.000 euro al mese, sufficienti solo a pagare l'energia elettrica per andare avanti.

A fine aprile fui costretta a contrarre un prestito personale, per far fronte agli stipendi.

Mi feci forza e cominciai a chiedere ai fratelli Masiero quanto mi spettava, ma da ogni incontro uscivo massacrata nell'animo. Usavano le parole del Vangelo per accusarmi di essere una miserabile, indegna del loro grande progetto industriale. Pagavano piccole transazioni, mentre si allargava il ventaglio degli assegni non andati a buon fine. Gli scontri con il direttore della banca erano sempre più aspri e frequenti.

La mia stupida convinzione che il lavoro fosse l'unica salvezza ci stava portando a fondo. Credo che in quel momento lo Stato avrebbe dovuto essere presente. Non è giusto che venga punito il creditore, mentre il debitore è esente da conseguenze. Accade che, se non mi pagano per il mio lavoro, sono io a diventare un cattivo cliente per la banca, non il contrario.

Nell'insopportabile afa di luglio 2012, raggiungemmo il picco di 56.000 antine levigate. A quel punto avanzavamo circa 120.000 euro, di cui 90.000 consegnati in assegni postdatati, il primo al 20 gennaio 2013. All'inizio di agosto incassai un acconto di 40.000 euro, con cui potei pagare due mesi di stipendi.

Non riuscivamo più a far fronte alle uscite, ogni mese quasi 35.000 euro.

Sopportare tutto questo era uno sforzo immane. Non trovavo la forza di confidarmi con nessuno, nemmeno con mio marito. Ero terrorizzata che il mio cuore non reggesse, sentivo un dolore costante al torace.

Ero l'anello di una catena in cui tutti macinavano ore di lavoro senza ricevere liquidità in cambio, solo promesse. Se ciascuno faceva la sua parte, non vedevo altra scelta per l'AGA. Ma come mai le banche lasciavano che si accumulassero crediti così ingenti? A me gli assegni li avevano tolti.

Forse avremmo dovuto risparmiare di più negli anni d'oro.

Arrivarono le vacanze estive, e per la prima volta dopo quarantun anni non fummo in grado di pagare gli stipendi. Bussai alla porta di tutte le banche della zona, con il mio ventaglio di assegni. A garanzia, tutti mi chiedevano la firma dei genitori o di mio marito. Io e Alessandro, amministratori dell'AGA, non valevamo nulla, ci volevano garanzie solide, titoli, immobili, pensioni, buste paga, a cui poter attingere in caso di fallimento.

Le mie certezze crollavano una dopo l'altra.

Loris era in ferie, non sapeva cosa stava accadendo realmente. Volevo proteggerlo. Intanto le notizie sempre più frequenti del suicidio di imprenditori mi facevano rabbrividire. Erano disperati, non depressi. Persone che avevano creduto di farcela, come me, ed erano rimaste sole.

In settembre decidemmo di consultare un avvocato. La situazione era grave, ma forse potevamo ancora uscirne. Chiesi un appuntamento con i Masiero e ci andai con mio fratello. Ci rassicurarono dandoci due assegni a copertura di alcuni mesi di lavoro, dissero che un grande gruppo leader in Italia era interessato all'acquisto di ANTEA e Legnomobil, la loro azienda madre.

Se avessimo resistito, il futuro sarebbe stato ricco e brillante. Ci mostrarono i magazzini pieni di materiale pronto alla consegna, un gran numero di dipendenti al lavoro, i macchinari che andavano a pieno ritmo. Edy, il capofabbrica, ci disse di tener duro. La situazione non ci tranquillizzava, ma volevamo credere che sarebbe andato tutto bene.

Quello che più ci terrorizzava era il pensiero di chiudere e rimanere per strada, come cani randagi. Andare avanti alimentava un'illusione di cui avevamo bisogno, confermava le nostre speranze.

A ottobre incassammo un assegno che ci permise di pagare gli arretrati dei dipendenti, saldare alcuni fornitori, abbassare l'esposizione bancaria. La nostra banca, però, attendeva i pagamenti successivi per accettare altre fatture a garanzia. Uno dopo l'altro, i pagamenti non andarono a buon fine, creando insoluti che bloccarono tutto, tranne la bolletta dell'elettricità che pagavamo grazie al lavoro con i clienti minori.

Mi rivolsi alla CGIL per richiedere la cassa integrazione. Volevo mettere in salvo almeno i dipendenti, ma chi avrebbe pensato a me e Alessandro?

Gli ordini cominciarono a calare. Le strade si illuminavano per un altro Natale. Le paure di mio padre, la rabbia di mio fratello, il giudizio dei dipendenti, la mia disperazione e la solitudine erano un peso troppo grande da sopportare. Non riuscivo a parlare nemmeno con Loris.

Fu allora che iniziai a scrivere, per far sapere a tutti che non mi sono mangiata il capitale di anni di lavoro nelle slot-machines, non sono stata scellerata.

La mia colpa è stata credere negli uomini e nella giustizia.

SECONDA PARTE
Il crollo

Il Natale di Serenella

Le luci dell'albero di Natale in salotto disegnano ombre giocose sul soffitto. Nell'aria aleggia un profumo di cannella. Guardo fuori dalla finestra, sposto appena di lato la tenda. Il buio, quest'inverno, è più nero, più denso.

Non ci sono regali vicino al presepe e la candela al centro del tavolo è quasi consumata. Ma la fiamma, tremolante, resiste. Stanotte non voglio spegnerla, mantiene viva la preghiera che ho in testa, mentre dormo continuerà a recitarla al posto mio.

Ho appena inviato una e-mail a "La Nuova Venezia". È la prima volta che mi rivolgo a un giornale, ho firmato con nome e cognome. Sento alla radio e alla televisione le storie di operai che protestano sulle cime dei palazzi o delle torri, al raccordo dell'autostrada. Fanno notizia per qualche ora, poi ritornano soli e dimenticati, come lo siamo noi.

Ci avviciniamo al momento più bello dell'anno e la mia azienda non riesce a pagare gli stipendi né la tredicesima a nessuno. Non ci sono soldi neppure per me, mio fratello e mio papà. Eppure nella zona industriale i camion che passano più volte al giorno sono i nostri. Come può essere che non si venga pagati per tanto lavoro? Noi viviamo di questo, i miei dipendenti non avrebbero bisogno degli ammortizzatori sociali, si potrebbero mantenere da soli se io fossi in grado di pagarli.

Ma i miei sono soldi virtuali.

Vado di sopra. Il riscaldamento è spento, il calore del camino intiepidisce appena le stanze. Ho i pantaloni del pigiama ficcati dentro ai calzini, per combattere il freddo. Sul piumino ho aggiunto una spessa coperta di lana, fatta all'uncinetto dalla nonna. Mi infilo sotto le lenzuola ghiacciate, le sollevo fino al naso, il respiro mi riscalda il viso. La luce rossastra della sveglia illumina i contorni della camera, gli occhi vorrebbero chiudersi, ma i pensieri li tengono aperti.

L'Avvento. Il periodo dell'anno in cui tutti si sentono diversi. Al lavoro, la voglia di rientrare a casa si fa sentire presto il pomeriggio: osservo le lancette dell'orologio che si avvicinano al momento della chiusura, poi finalmente salgo in macchina e torno al mio rifugio, circondata dalle luci colorate.

Lungo la strada ammiro gli addobbi più belli; alcuni si intrecciano come ragnatele luminose ai rami secchi degli alberi. Provo a indovinare le identità delle persone che vivono dietro a quelle luminarie, intuisco se sono giovani o anziani, ricchi o poveri.

Da più di vent'anni faccio sempre lo stesso percorso, stagione dopo stagione. Insieme ai chilometri se ne sono andati anche i miei anni.

È giovedì 13 dicembre, Santa Lucia, mancano ancora quarantasette giorni alla scadenza del primo assegno. Poi cominceremo a mettere in atto lo schema di rientro che abbiamo elaborato meticolosamente. Ho creato una ragnatela di incastri, coperture, chiusure, ripristini. Ogni operazione è una goccia di rugiada che brilla nella luce del mattino, svelando lo spettacolo di un'architettura laboriosa. Ripasso ancora una volta mentalmente tutti i tracciati finché, sfinita, mi lascio andare al sonno, con l'incubo di diventare io stessa preda della mia ragnatela. Mi sento piccola come una mosca, le ali incollate, il terrore che cresce. Più mi agito, più resto intrappolata.

Suona la sveglia, è di nuovo mattina.

Il lunedì è sempre traumatico, sembra che il riposo della domenica lasci una stanchezza diversa nelle ossa. Sul tavolo in ufficio trovo ad attendermi una copia de "La Nuova Venezia". C'è la mia lettera, l'hanno pubblicata!

Al muro è appesa la programmazione settimanale, il magazzino è pieno di materiale in lavorazione. Una parte è imballata, pronta per la consegna pomeridiana. Luigi e Valeriu sono operativi alla macchina levigabordi. Hanno il viso arrossato dal freddo, il berretto calato fino alle sopracciglia. Mi salutano con un sorriso timido. Si riparte.

Da quando in magazzino non accendiamo più il riscaldamento, ho imparato anch'io a mettermi il cappello di lana. Prima mi si ghiacciava la testa. Mi sono tagliata i capelli, così quando arriva qualcuno lo tolgo al volo e sono sempre in ordine.

Le ragazze non fanno commenti, continuano a levigare a testa bassa. La rabbia soffoca i sentimenti, si respira nervosismo come puzza di bruciato. Non riescono a credere di non essere pagate da mesi, con nove ore al giorno di lavoro a ritmi incalzanti. Si chiedono se sia davvero colpa dei crediti non saldati. Non potremmo essere noi ad approfittarne? Sì, ma che senso avrebbe per un'azienda manifatturiera perdere la materia prima? La nostra ricchezza sono le mani: mani sapienti e laboriose che da anni levigano il legno. Eppure è tutto così surreale che qualsiasi spiegazione potrebbe avere un senso.

Mi sento come ubriaca, stordita dalla rabbia e dai racconti di dolore delle aziende chiuse e degli imprenditori falliti. Provo gli stessi sentimenti, ma non ho il coraggio di dire niente, mi vergogno di fronte a mio padre. La sera, a casa, con Loris e Alberto faccio finta che sia tutto normale, mi tengo tutto dentro. Mi giustifico perché penso che quando le cose sono evidenti non serve sottolinearle. Nella testa si sovrappongono consigli, imprecazioni, vicende tragiche: corrodono la mente e il corpo.

Alle nove la campanella tra il magazzino e il laboratorio inizia a suonare, sovrastando il rumore dei macchinari: è il telefono fisso amplificato. Corro in ufficio, rispondo alla prima di una lunga file di telefonate. Tengo tra le mani le pagine del giornale con il mio nome e la mia storia. Non hanno cambiato neanche una virgola.

Ora tutti sanno, ci telefonano, dicono che presto si risolverà ogni cosa e che, dopo un anno difficile, potrò ricominciare a vivere normalmente.

Chiama chi non sapeva e si stupisce, chi mi rimprovera per non averlo citato, chi minaccia perché avrei dovuto tacere.

Conosco Luciano, una voce nuova, calda e rassicurante, di un uomo maturo. Vuole aiutarmi, darmi conforto e mettermi in guardia. Sa come mi sento, perché ci è già passato: il suo mondo è crollato da un giorno all'altro, la sua impresa è fallita, la sua famiglia distrutta. Mi chiede se può farsi vivo, qualche volta. Ancora non lo so, ma quella voce mi salverà.

Telefona Alfredo Belluco di Confedercontribuenti e si mette a disposizione.

Dai miei clienti ricevo SMS rassicuranti, promesse di una svolta imminente. Esortazioni a restare uniti, senza fare terrorismo, perché dopo Natale si sistemerà tutto.

Mi sforzo di crederci, mentre dentro cresce l'indignazione.

Il giorno dopo, inaspettata, arriva a mezzo stampa anche la risposta della CGIA di Mestre: in Italia un'azienda artigiana su tre è in difficoltà per il pagamento delle tredicesime. Non sono sola. Mi emoziona sapere che mi hanno ascoltato e si sentono in dovere di replicare, eppure la cosa finisce lì. Dichiarano che ci sono vicini, ma non ci aiutano a trovare una soluzione. Ci sono vicini, ma se ne stanno nei loro palazzi. I piccoli imprenditori non hanno tutele.

Venerdì 21 dicembre alle 16.30 la produzione si ferma. È quasi d'obbligo, in questo periodo. Riapriremo il 7 gennaio. Così almeno speriamo.

Siamo tutti in ufficio, in silenzio attorno alla macchinetta del caffè. Ci scambiamo gli auguri, tesi e nervosi, con gli occhi che guardano a terra. Niente confezioni natalizie, nemmeno un panettone per addolcire il nostro dramma. I cucchiaini di plastica affondano nella schiuma del latte in polvere. L'unico sollievo è il liquido che scalda lo stomaco.

Ho provato a elemosinare in banca la possibilità di un conto in rosso senza limiti, ma la logica dei numeri prevale su tutto. Do un calcio alla polvere.

«Ragazzi, questo è il nostro Natale» dico, e poi raccolgo i bicchieri vuoti, passo la spugna sui cerchietti di cappuccino disegnati sul tavolo, cambio il sacchetto dell'immondizia. Ormai sono le cinque passate. Non c'è più niente da fare, quest'anno non posso permettermi neppure di stampare i messaggi di auguri arrivati via e-mail: di solito appendiamo i più belli alle pareti della stanzetta in cui mangiamo, fanno allegria. Ma oggi devo risparmiare anche sull'inchiostro di bassa qualità, quello che ogni volta ti sporca la scrivania, le dita, il fax. Mi accorgo che siamo schiavi del consumismo, corriamo esasperati da un centro commerciale all'altro, carichi di oggetti vuoti di significato, scontrandoci con commessi privati del proprio Natale, in quello che per tutti dovrebbe essere il momento più bello dell'anno.

Lo squillo del telefono mi riporta alla realtà.

«Pronto, AGA».

«Buonasera, sto cercando la signora Serenella». Una voce calda e sicura, con un accento diverso dal nostro.

«Sono io» rispondo. Provo una bella sensazione, come quando senti un vecchio amico che ti chiama dopo tanto tempo, giusto per sapere come va.

«Signora Serenella, io non sono altro che uno "sporco contabile"». Sento che sorride a quella definizione. Fa una pausa e riprende: «Il mio titolare ha letto della sua vicenda sui giornali e desidera offrirle un aiuto economico, senza un ritorno immediato».

Da “La Nuova Venezia”, la mia storia è arrivata anche su “la Repubblica”. Mi sento come in un film in bianco e nero, una bambina con i riccioli d’oro legati in un nastro di raso che vede l’Angelo del Natale. Un miracolo.

«La ringrazio...» balbetto.

«Non si preoccupi».

«Ma non posso accettare» dichiaro. «Non sono certa di poter restituire il denaro». Eppure quel gesto mi riempie di gioia. Lui se ne accorge, percepisco la sua emozione dall’altra parte del filo.

«Signora, il mio titolare è una persona determinata, non sarà facile rifiutare» replica con voce roca nascondendo l’imbarazzo. È come se mi stesse abbracciando e sussurrando all’orecchio una confidenza. Quegli auguri non sono una formalità, sanno di buono. Saluto il mio Angelo del Natale, altro che “sporco contabile”.

La mattina presto del 25 dicembre le luci dell’albero sono ancora spente. Alle otto io, Loris e Alberto scendiamo in salotto. Il sole filtra dalle finestre delle stanze. Sotto l’albero sono comparsi alcuni pacchettini confezionati con cura, con fiocco e dedica. Il più prezioso è per Alberto, da parte dei nonni. Accendiamo il fuoco nel camino, apriamo le imposte dei balconi e lentamente ci prepariamo per la messa e il pranzo dai miei genitori.

Tutto passa in un attimo e il 27 dicembre sono di nuovo in ufficio per la fatturazione mensile. Sembro larga il doppio, ricoperta di strati di indumenti per proteggermi dal freddo. Mi viene da ridere, penso che potrei rotolare come una palla.

Fuori, le decorazioni del Natale hanno già perso il loro calore, dovremmo riporle negli scatoloni per il prossimo anno. Le teniamo solo per il bisogno di prolungare la gioia della festa, per distoglierci dalle preoccupazioni quotidiane.

Di nuovo lo squillo del telefono interrompe i miei pensieri.

«Signora Serenella, le avevo anticipato che il mio titolare sarebbe stato deluso dal suo rifiuto».

Non so cosa dire.

«Glielo passo».

Il signor Franco ha una voce matura, di una dolcezza disarmante. Vuole sapere perché, in questo momento così grave, do più importanza all'orgoglio che alla necessità. La sua fermezza mi inchioda alle parole.

«Ciò che le propongo è un regalo che non inciderà sul mio bilancio. Non risolverà nemmeno i suoi problemi, ma le concederà un po' di respiro. Accetti, Serenella. Perché non vuole?»

Perché io vivo del mio lavoro. Pretendo di essere pagata e di avere il modo di onorare i miei debiti. Ma sono talmente stanca che alla fine cedo alla delicata insistenza del signor Franco.

Il bonifico arriva il giorno dopo, su un conto corrente appena aperto in una nuova banca. Ivan, il direttore, e Vera, l'impiegata, sono increduli quanto me. Pur conoscendo il grave stato in cui versa l'azienda, non hanno esitato ad accogliermi con stima e rispetto. E con lo stesso rispetto non commentano la decisione di usare quel regalo per saldare parte degli stipendi arretrati dei dipendenti. Per noi non resta niente, ma io mi sento ricca, più leggera.

Guido con il sole che mi sorge alle spalle e gioca nei riflessi dallo specchietto retrovisore al finestrino di sinistra. Il gesto del signor Franco mi aiuta a riscoprire la gioia delle piccole cose, la calma della quiete domestica, il profumo del tè al garofano e cannella, una preghiera, il profilo delicato di mio figlio, non più bambino e non ancora uomo.

In cucina, Loris ha ritagliato un cuore da un tovagliolo rosso e sopra ha scritto: "Per il mio piccolo grande amore". Dopo tanti anni, mi fa ancora sorridere il suo romanticismo. Questo è il mio mondo, e dovrebbe essere più importante di qualsiasi altra cosa.

Verso la fine

Sette gennaio 2013, torno al lavoro. In ufficio, con il cappello di lana in testa e i doposci ai piedi, comincio a guardare la posta elettronica. Cancello le vecchie e-mail e ritrovo il messaggio di auguri di Luciano: poche righe amare, in cui mi spiega quanto sia difficile per lui il periodo delle feste, lontano dai figli e dai nipoti. Si riaprono le ferite che si porta dietro da anni, da quando si è assunto tutta la responsabilità del fallimento della sua azienda.

Siamo due sconosciuti, eppure lo sento vicino. Comprendo l'ostinazione a non cedere, a non voler morire in silenzio, il desiderio di dimostrare di aver agito per il meglio, senza arroganza, senza fare gli eroi o i martiri, solo in nome della verità.

Racconto ai dipendenti da dove vengono i soldi dei loro stipendi, perché sappiano che al mondo esistono ancora persone generose. Ma intanto la tensione sale, i giorni scorrono frenetici verso il traguardo del 20 gennaio, quando incasserò il primo assegno. Gli SMS dei fratelli Masiero mi rassicurano. Ci siamo. Immagino la scena: sarò la prima allo sportello in banca, come se avessi vinto il Superenalotto, e uscirò più leggera, mi infilerò in macchina e griderò di gioia.

Invece, quella mattina, poco prima delle otto, arriva la telefonata di Fabrizio Masiero. Mi avvisa che l'assegno è scoperto, non posso versarlo. Dice che a breve arriverà un bonifico per una parte dell'importo.

«Come?»

Le parole mi cadono addosso come pietre. Esco di corsa, guido senza vedere la strada. Se non verso l'assegno, noi saltiamo.

Il direttore della vecchia banca, asciutto, mi dice: «È scaduto il tempo, Serenella. Serve una garanzia di pagamento della ditta debitrice. Devi rientrare per forza, non posso più coprirti. Sono tredici mesi di anticipo della fattura, te ne rendi conto?».

Dalla sua voce non trapela alcun sentimento. Io sono minuscola, una piccola fiammiferaia, raggomitolata contro il muro, con le ginocchia alzate sul mento e il gelo addosso. L'unico conforto è il pensiero delle tante persone che mi sono vicine, deboli fiammelle accese a riscaldarmi per un istante. Torno in azienda e chiamo i fratelli Masiero, li supplico di fare il versamento subito o di mandarmi una garanzia scritta. Li imploro. Sono distanti, come sempre.

Alla fine ottengo una lettera d'impegno per il versamento di tre bonifici a copertura dell'assegno, a scadenza bisettimanale: 30 gennaio, 15 febbraio e 28 febbraio. Un pezzo di carta senza valore.

Parlo con i dipendenti, il malumore cresce. La fiducia tra noi si è spezzata, non sono mai mancati un giorno e adesso, giustamente, pretendono quanto è dovuto.

Il 30 gennaio arriva il primo bonifico, ma viene inghiottito dalla banca. Con il denaro, spariscono anche i fratelli Masiero, fanno sapere che non vogliono essere disturbati. C'è quella trattativa in corso per l'acquisto di un'azienda del loro gruppo da parte di un marchio leader del settore del mobile, presto ci sarà la famosa svolta. Intanto non onorano né il secondo né il terzo bonifico, lasciano interi bancali di ante già pronte per la verniciatura nel nostro magazzino. Scopriamo che i loro dipendenti si rifiutano di lavorare, dato che non vengono pagati da mesi.

Sfinita, decido di andare a verificare di persona.

Nel grande parcheggio c'è una sola auto. Suono, mi viene

incontro una dipendente, ci abbracciamo senza parlare, come me ha avuto fiducia fino in fondo. Ci raggiunge un altro lavoratore, affranto, spaesato: ha inviato ordini fino a pochi giorni prima e adesso c'è il vuoto, nessuna spiegazione. Arriva Edy, il capofabbrica, senza parole, irrigidito. Lui è più che un dipendente, al mattino è il primo ad arrivare e l'ultimo ad andarsene la sera, instancabile, è il vero capitano di questa nave alla deriva.

Lo spettacolo che ho di fronte è angosciante: una fabbrica piena di materiale, pulita, avvolta nel silenzio. Perdo la sensibilità alle gambe e mi lascio cadere su un bancale di ante viola, le stesse che abbiamo levigato per giorni.

Telefono ai Masiero, convinta che non risponderanno, invece mi sbaglio. È la voce di Fabrizio: «Stai tranquilla, è tutto uno stratagemma per eliminare i pesi morti e poter ricominciare. L'AGA sarà nella nuova squadra, non preoccuparti».

Sono frastornata, il senso della frase mi sfugge.

Non ho il tempo di ragionarci perché mi chiama mio fratello: devo tornare subito in azienda, le dipendenti hanno fermato la produzione e non intendono riprendere il lavoro finché non riceveranno almeno due dei cinque stipendi arretrati.

Di nuovo in macchina, non so come arrivo in un attimo a Concordia. Spiego alle ragazze che ci sono un paio di commesse di nuovi clienti, dobbiamo tener duro fino a ultimare la consegna, poi ci sarà la cassa integrazione. Ma alcune si sentono forti e trascinano le altre nello scontro.

Esplodono i vecchi rancori, repressi negli anni di lavoro fianco a fianco, nove ore al giorno, cinque giorni alla settimana. Volano insulti, senza pudore. Sembra che nessuna si ricordi dei momenti belli, della condivisione, dell'aiuto offerto tante volte nelle difficoltà. Sono loro contro di noi, padroni contro dipendenti. Sono convinte che la mia famiglia si sia arricchita sulla loro pelle, e adesso basta, dobbiamo pagare.

Non sanno che da quindici mesi non porto a casa un centesimo e che per garantire gli ultimi stipendi ho ottenuto un prestito che incombe sulla busta paga di mio marito per i prossimi cinque anni, con interessi pari a nove mesi del lavoro di una singola operaia. Noi non veniamo pagati il dieci del mese successivo, come un dipendente.

Non glielo spiego, mi umilio anche con loro e riesco a convincerle a tornare: prometto che con le nuove commesse riceveranno subito un acconto.

L'unica persona con cui riesco a sfogarmi è Luciano, una voce amica, che da lontano mi accompagna e mi comprende.

La sera, a casa, i gesti sono sempre gli stessi. Mi tuffo sotto la doccia, con gli occhi rossi per il pianto. Ceno, guardo il telegiornale, riordino la cucina, stendo il bucato, mi rilasso sul divano davanti alle serie TV che scandiscono il passaggio dei giorni della settimana. Parlo poco, per paura di crollare davanti a Loris e Alberto.

Ma stasera c'è una novità: il display del cellulare si illumina, compare il nome di Ana. Si scusa per l'ora e mi informa che Valeriu, dopo cinque mesi senza stipendio, non mangia da giorni, è solo, incalzato dalla banca e dal padrone di casa per l'affitto arretrato.

Prendo una borsa, la riempio il più possibile, non è molto, visto che anche da noi non ci sono grandi scorte. Domani la consegnerò a Valeriu, almeno avrà qualcosa da mettere sotto i denti. Vado a letto con il pensiero di come siamo ridotti.

Ogni notte dormo sempre meno. Servono soldi per tutto: il carburante dell'auto, il cibo, un aiuto ai miei dipendenti. Dovrei rubare per avere un po' di tregua. Dopo Natale ho venduto le mie gioie d'infanzia, piccoli oggetti d'oro perduti per sempre in cambio di poche centinaia di euro.

Signore, dammi una mano. Negli anni ho lasciato sgualcire la mia fede. E adesso che la gravità della vita mi sembra insopportabile, sento l'urgenza di ritrovare un appiglio. Ripenso al senso del battesimo, cerco di aggiustarmi le pieghe della veste bianca che indossavo da bambina. Sopra la testiera del letto ho un quadro che un tempo apparteneva ai miei nonni. Io e Loris lo abbiamo fatto restaurare nel 1992, l'anno in cui ci siamo sposati. Rappresenta la Sacra Famiglia, un'immagine luminosa e rassicurante.

Mi balena l'idea di chiedere aiuto a don Livio. Dicono di lui che sia un uomo forte e determinato, ma non mi intimorisce: un uomo di Dio non potrà essere scortese.

La mattina, prima delle otto, mi decido e telefono alla canonica di Concordia.

«Serenella, parliamone oggi a mezzogiorno» mi risponde, gentile. «Vieni a trovarmi».

Mi vergogno, è dura chiedere aiuto. La voce trema e dai gesti traspare tutto il mio imbarazzo, poi ricordo a me stessa perché sono qui e sento che la mia dignità è salva. Sono venuta per chi si è affidato a me fino a oggi, per chi patisce la fame nel nostro ricco Nord-Est, la locomotiva d'Italia che non tutela nessuno, nemmeno i propri figli.

Don Livio chiede subito di farmi preparare dei pacchi alimentari, ma è incredulo; non è mancanza di fiducia, è solo che si trova davanti una figura nuova: non un'anziana bisognosa o una donna immigrata priva di sostegno, ma un'imprenditrice in crisi. Io sono un'anomalia del sistema.

Il signor Giovanni riempie uno scatolone e mi spiega che le dispense per i poveri si svuotano a velocità impressionante; sempre più spesso vanno al banco alimentare a fare rifornimento. Mi dice anche che don Livio ha lanciato l'allarme e ha chiesto un incontro con i Servizi sociali del Comune. Quel suo modo tranquillo di imporsi è rassicurante.

Dall'incontro nasce da parte mia un rispetto profondo nei

suoi confronti. Tornerò a trovarlo, non per confessarmi o per pregare, solo per il bisogno di raccontare a qualcuno le mie vicende e di ritrovare un po' di serenità.

Ora lo saluto e lo ringrazio. Spero che nessuno mi veda uscire di qui con gli scatoloni da caricare in macchina.

La fine arriva il 1° marzo 2013, quando scopro che una delle aziende dei fratelli Masiero, quella per cui abbiamo lavorato fino allo sfinimento, è in liquidazione, l'anticamera del fallimento. Non c'è stato alcun tentativo di concordato, nessuna riunione con i fornitori per cercare insieme una via d'uscita prima del crollo.

La cosa non si spiega: hanno ritirato materiale per tutto il mese di febbraio e hanno già approntato il programma lavorativo per marzo. Come può chiudere un'attività che ha un portafoglio di ordini colmo di tre mesi in tre mesi?

Per non parlare della mia situazione, ancora più assurda: sull'orlo del disastro, con crediti esigibili da capogiro.

Restano le infinite promesse al vento, la mortificazione, il peso di aver deluso mio padre. Sono responsabile, di fronte alla legge e alla mia coscienza, della tragedia che sta per travolgere la mia azienda e le nostre famiglie, insieme ai dipendenti. Di tante illusioni restano 300.000 euro di crediti non riscossi, senza nessuna giustificazione valida.

Con quei soldi potrei saldare tutti i debiti, mettermi a posto con me stessa, con la banca, con lo Stato.

Ma non c'è tempo per la disperazione, bisogna fare il possibile per salvare il salvabile, con i mezzi che la legge ci mette a disposizione. Il costo dell'avvocato è altissimo, la probabilità di recuperare qualcosa è del 50%, ma dobbiamo tentare. Di nuovo è Loris ad aiutarmi, chiede un acconto sul suo TFR all'azienda per cui lavora da quando era adolescente.

Sono distrutta. Ho bisogno di recuperare denaro e dignità.

La sera, quando Alberto è già a letto e Loris su Facebook, decido di scrivere una e-mail all'avvocato. Di persona non sarei in grado di spiegargli l'urgenza di un riscatto morale, perché l'emozione mi strozzerebbe le parole. La voce mi si fermerebbe in gola, e non voglio che quello che ho da dire si perda nella pietà di chi mi ascolta. L'avvocato è un uomo forte e sicuro di sé, mi mette a disagio. So già cosa risponderà: le battaglie di principio non portano a nulla, le forze vanno concentrate in un risultato concreto.

E va bene, ma per me quello che conta è non rimanere in silenzio di fronte all'ingiustizia. Non voglio piangere sulla mia storia, cerco la forza per cambiare rotta, altro vento per gonfiare le mie vele. Mi serve un motivo valido per guardare avanti. Prima, però, devo liberarmi della zavorra di emozioni che mi offuscano la mente.

Giorgio Boccato, il nostro commercialista e amico da sempre, non può far altro che prospettarci la chiusura dell'azienda per autofallimento: il minore dei mali dal punto di vista amministrativo, ma una disfatta per la nostra vita familiare e sociale, una vergogna che non meritiamo. Non posso dare questo dolore a mio padre.

Non siamo colpevoli di una cattiva gestione, non abbiamo fatto un uso sconsiderato del denaro, abbiamo solo creduto nell'onestà dei fratelli Masiero. Sono stata troppo impegnata ad asciugarmi le gocce di sudore dalla fronte per poter pensare a un imbroglio. "Se produci, guadagni" mi dicevo, e volteggiavo nell'aria aggrappata alla sola forza dei polsi, una trapezista senza rete. È stata tutta una piroetta tra banche e consorzi, anticipi e saldi, ore e ore di lavoro senza compenso. Poi lo spettacolo è finito, senza applausi.

Ora il senso di colpa mi travolge, mi immobilizza. Mi sento l'unica responsabile del fallimento, mi sono lasciata abbagliare dalla mole di lavoro che i Masiero ci offrivano, soggiogata dai loro modi così sicuri.

È mio fratello Alessandro che decide di non mollare.

«Se chiudiamo, io riapro domani» dice. «Abbiamo sempre fatto come volevate tu e il papà, e siamo finiti in questa trappola. Io non ci sto» conclude.

«Va bene, allora andiamo avanti, non ti lascerò solo» rispondo. "Ha ragione" penso.

I nostri compagni di vita, Giusy e Loris, accolgono muti la decisione, consapevoli che peserà anche su di loro e sui nostri figli. Il commercialista ci mette in guardia sulle conseguenze dell'una e dell'altra strada. Cerca di non farsi influenzare, ma la situazione è troppo forte per tenerla negli schemi rigidi e impersonali del suo lavoro. Si sente spiazzato, mi ha vista crescere, conosce il mio entusiasmo e la mia incrollabile fiducia verso il prossimo. Sono cose che lui ha perso da tempo, nella lotta continua contro la burocrazia e le ingiustizie. Soffre per noi.

Mi confronto con Luciano, il mio faro in questo mare burrascoso. Non approva la nostra scelta, dice che è un suicidio assistito, in Italia non c'è giustizia per gli uomini di buona volontà. Noi la vediamo diversamente.

Questa decisione, che potrebbe sembrare incosciente e frettolosa, in realtà è uno dei pochi modi che un artigiano ha a disposizione per sopravvivere. Indebitarsi per non rimanere soli. Un'azienda può chiudere per libera scelta, se l'età dei proprietari avanza e i figli prendono altre strade, o se l'imprenditore decide, finito un ciclo, di dedicarsi ad altro. Oppure ti viene portata via, e tu da un giorno all'altro resti senza un posto dove tornare ogni mattina, perdi l'attività con cui mantenevi la tua famiglia, vieni sommerso da cartelle e pagamenti. Ti chiedi dove hai sbagliato, metti in dubbio ogni decisione, ti senti costantemente sotto processo. Dio scelse un artigiano, Giuseppe, come padre in questa terra e tu adesso non sei più degno di questo nome.

Chi è costretto a chiudere la propria attività per fallimento si sente morire dentro. Noi, che per anni abbiamo creduto in ciò che facevamo, non possiamo mollare senza concederci un'altra possibilità. Restiamo aggrappati a un relitto, tendendo ogni singolo muscolo nello sforzo di salvarci. Andiamo controcorrente e, soprattutto la notte, questo pensiero ci sprofonda in un abisso. Poi, con le prime luci dell'alba, ripartiamo, recuperiamo un briciolo di fiducia.

Per non fallire serve liquidità, così io e Alessandro ricominciamo il giro tra consorzi di garanzia e filiali bancarie. Sono ancora Ivan e Vera che ci vengono incontro, presentandoci un piano per ipotecare il capannone, l'unico bene che ci rimane. Contraiamo un mutuo di 150.000 euro, con rate mensili da 1.580 euro per dieci anni: restituiremo un totale di 190.000, euro compresi gli interessi. Tutte spese causate dal fallimento di altri.

Ma in quei documenti non ci sono solo numeri, si legge la fiducia di Ivan e Vera verso di noi, nella nostra promessa che impiegheremo fino all'ultimo respiro per farcela.

Dobbiamo ricomprare ciò che è nostro, costruito mattone su mattone, ingrandito, accudito, pulito come se fosse una casa. Di fatto è il luogo dove abbiamo passato gran parte della nostra vita.

Chiudiamo l'esposizione bancaria, azzerando il debito in modo da far ripartire il meccanismo dei fidi. Paghiamo i cinque mesi di stipendi arretrati ai dipendenti, le nostre braccia fidate, e poi ricominciamo, consegnandoci ai clienti minori, quelli che negli anni si sono sempre rivolti a noi, anche a costo di aspettare.

Ci mettiamo alla ricerca di nuovi sbocchi, per riempire il vuoto di quattro giorni di lavoro a settimana, nel pieno della crisi nel settore del legno. È vero, abbiamo le commesse di chi non ci ha abbandonato, aziende piccole che credono in noi, nella nostra affidabilità, onestà e correttezza. Sono orgogliosa, i Masiero non sono riusciti a macchiare la nostra reputazione. Ma non basta a sollevarci dai debiti.

Dei due fratelli non abbiamo più notizia. Invio l'ultima fattura con una raccomandata con ricevuta di ritorno, sempre che ci sia qualcuno a ritirare la posta. I telefoni squillano a vuoto, il fax è spento, le e-mail non danno conferma di avvenuta ricezione. L'azienda è un fantasma.

L'ora più buia

Marzo è grigio, quest'anno. Ho freddo alle ossa. Sono sfinita, ma non mi riposo. Mi consuma l'urgenza di trovare una spiegazione all'incubo che sto vivendo. Devo guardare negli occhi i responsabili, i fratelli Masiero. Conosco a memoria il paesaggio, le case, i recinti, i campi, i manifesti pubblicitari che separano la mia azienda dalle loro. Ci vengo ogni giorno. Prima passo davanti ad ANTEA, come se non riuscissi a rassegnarmi che sia davvero chiusa; mi dico che forse è solo un brutto sogno. La trovo vuota, spenta. Allora vado in Legnomobil, l'azienda madre del gruppo, dove si lavora a pieno ritmo.

Oltre il muro di cinta vedo il parcheggio invaso dalle auto, le astronavi di lusso al solito posto, come se niente fosse. Tutt'intorno c'è un fossato in difesa del castello, il ponte levatoio viene abbassato per pochi. Per me i cancelli restano chiusi.

Mi tornano alla mente le parole con cui Simone Masiero, una volta, ha risposto alle mie proteste sul ritardo nei pagamenti: «Sai, Serenella, il primo giorno che ho messo piede in azienda, a otto anni, mio padre mi ha detto: "Simone, ricordati di usare la legge 'del martello e del *segòn*'". In pratica, a chi non sta alle tue regole, prima pesti la mano con il martello, un monito perché rimanga al suo posto. Poi, se il dolore non basta, passi alla sega, così lui non dimentica. Allora ero un bambino, Serenella, ma ho sempre tenuto bene a mente quell'insegnamento».

Io ho ricevuto lezioni ben diverse.

La pioggia cade incessante. Suono il citofono, la telecamera mi inquadra in piedi senza ombrello. Il trillo mi fa sobbalzare, ho i nervi a fior di pelle. Una voce fredda e sintetica domanda se ho un appuntamento. Finge di non riconoscermi, mi fa pensare a Nagini, il serpente di Lord Voldemort dei romanzi di Harry Potter. Ha la capacità di liquidare chiunque in due parole, senza fare una piega di fronte alle situazioni più disperate.

«Fatevi vedere!» Alzo la voce. «Vigliacchi!»

Fabrizio Masiero starà osservando la scena dal suo ufficio al secondo piano, con un sorriso compiaciuto sulla faccia. Non rispondono nemmeno. Resto fuori per l'ennesima volta, a gridare dalla rabbia contro un citofono muto.

Ho addosso la sensazione di essere ormai poco più che un cane randagio, con il pelo sporco e incolto, le zampe piene di fango, gli occhi tristi e terrorizzati. Sono senza pace.

Salgo in macchina e riparto. Mi ritrovo all'ingresso dell'autostrada senza rendermene conto. I camion sfrecciano alla mia sinistra, non guardo lo specchietto, mi immetto in corsia. Il clacson di un tir mi stordisce. Il ritmo del mio respiro cresce, eppure non sto correndo. La radio spenta mi lascia sola con il rumore delle ruote sull'asfalto, amplificato dalla pioggia, confuso con quello dei tergicristalli. Una leggera nebbiolina appanna la visuale.

Oltrepasso l'uscita di Portogruaro. Non posso affrontare Alessandro e mio papà, non posso portare a casa un'altra sconfitta, è solo colpa mia. Mi fermo a prendere il biglietto, ma sono troppo distante, allungo il braccio, non ci arrivo. Nemmeno questo so fare, prendere le misure per uno stupido biglietto dell'autostrada. Devo aprire la portiera e allungarmi, la cintura mi taglia la gola. L'ansia cresce.

Proseguo in direzione di Udine. Sono le cinque del pomeriggio, la luce è ancora chiara nonostante le nuvole, i pensieri volano in un turbinio di intrecci, le gocce di pioggia schiumano sul vetro. Lungo i finestrini laterali vedo le perle d'acqua rincorrersi, unirsi, formare rivoli tremanti agitati dall'aria e dalla velocità. Poi si lasciano andare e volano via. Si uniscono, tremano, volano via.

E se volassi via anch'io? Se accelerassi e chiudessi gli occhi, mi accorgerei solo dell'impatto e poi più niente.

Il guardrail alla mia sinistra, il ticchettio della freccia della Punto, i camion uno dietro l'altro sulla destra, con i rimorchi e i teli che sventolano, le targhe straniere, il fumo degli scarichi, la nebbia d'acqua, di nuovo il guardrail. Le condizioni ideali per un incidente. La colpa sarebbe solo della sorte.

Potrebbe essere la soluzione. Il dolore si spegnerebbe subito, io non ci sarei più.

Chiudo gli occhi per un istante e rivedo il mio bambino. Li riapro, tolgo la cintura. Impugno forte il volante. Il rumore nell'abitacolo è insopportabile. Il cellulare continua a squillare, appoggiato sul sedile del passeggero. Smette e ricomincia.

Alla fine rispondo seccata.

«Come stai?» È Luciano. La voce mi arriva da oltre la montagna, come un faro intermittente.

Le parole restano intrappolate tra i battiti del mio cuore.

«Cosa succede? Serenella, rispondi».

Ma io non ce la faccio.

«Serenella, cosa stai facendo? Fermati per l'amor di Dio, fermati, ti prego. Ti supplico, fermati, ricordati chi sei, ricordati che sei una mamma. Cosa lasci a tuo figlio?» Luciano ha capito. Sta in silenzio per qualche istante, forse per vedere se reagisco. Gli basta sentire il mio respiro per sapere che lo sto ascoltando e ricomincia: «Serenella, non farmi questo: io ho girato per due anni con una corda sotto il sedile, ti capisco... Ma non è la soluzione. Ti prego, per il bene che posso volerti io, che sono entrato nella tua vita da così poco, ti imploro di fermarti».

A poche centinaia di metri dal ponte sul Tagliamento, accosto. Abbasso il finestrino, la pioggia bagna l'interno della portiera. L'aria fresca mi accarezza il viso, il respiro si calma, le palpebre si aprono e si chiudono lentamente. Il cervello si risveglia dallo stato di trance. Sento quella voce lontana che continua a parlarmi, non capisco cosa mi sta dicendo: parole dolci, rimproveri, rassicurazioni, un discorso senza senso. Forse urla, non ricordo.

«Sono qui» riesco a dire.

Luciano si calma. Rimetto in moto l'auto e torno a casa, senza rendermi conto di quello che sto facendo. Entro in garage, non salgo nemmeno, mi butto sotto la doccia bollente. Mi riscaldo, il profumo del bagnoschiuma mi inebria, resto lì a godermi il massaggio dei getti sulla schiena. Cerco di non pensare a quello che ho vissuto poco fa, non so se essere felice o dispiaciuta per com'è andata.

Mi asciugo, infilo la tuta e salgo.

Alberto mi saluta dalla sua camera, senza venirmi incontro, ma in bella vista sul tavolo ha appoggiato il compito di fisica, con un nove scritto in rosso.

«Tutto bene, mamma? Sei felice?» urla, senza lasciare la battaglia alla Playstation.

«Sì, sono felice di essere a casa...»

La ricerca dei fornitori

Il capannone è vuoto, con pochi bancali pronti alla consegna. È calato il sipario sull'AGA.

Gli operai vengono al lavoro solo qualche ora, quando c'è bisogno, per il resto sono in cassa integrazione. Appena vanno via, scende un silenzio opprimente. La crisi è qui, possiamo toccarla. Eppure anche oggi, come ogni mattina, in azienda ci siamo io, Alessandro e nostro padre, che indossa il camice cachi dei momenti più brutti, la sua armatura. Ha le mani in tasca. La rabbia gli corrode l'anima.

Entro in ufficio, accendo il computer, scarico la posta. Il programma del magazzino si avvia lentamente. Resto a guardare lo schermo, imbambolata e stravolta, in cerca di un motivo per andare avanti. Si apre la finestra di Skype. È Luciano. Dopo ieri, non mi perderà più di vista. Ho un sussulto, raccolgo le forze per sostenere il suo sguardo, temo le sue parole. Non so nemmeno se è stato tutto un sogno o la realtà.

«Come stai, Serenella?»

Mi sento avvolgere da quella voce ferma. Luciano mi invita a concentrarmi sugli avvenimenti degli ultimi mesi, sulle aspettative tradite, sul fatto che tutto è finito quando gli altri lo hanno deciso.

«Hai ragione, ma ormai cosa posso farci?»

«Pensa a chi c'è prima e dopo di te, nella filiera produttiva».

«Ma cosa cambia? Comunque sono senza lavoro».

«Sì, è vero, sei a mani vuote e devi ripartire con un mutuo

sulle spalle. Ma ti sei chiesta se sei da sola? E se ci fossero altre aziende in difficoltà per il tuo stesso motivo?»

Pian piano inizio a capire: se riuscissi a mettere insieme i pezzi del puzzle, forse potrei risalire alla radice degli eventi e tutelare almeno il nome dell'azienda.

«Forza, Serenella, cerca gli altri fornitori. Respira, coraggio, chiamali».

A tratti, l'insistenza di Luciano è irritante. Vorrei che mi lasciasse in pace, ho la testa pesante, pur di farlo smettere gli prometto che farò come dice.

Sento il campanello. È un suono forte, a cui non sono abituata. Con il rumore degli aspiratori e delle macchine, di solito, lo senti appena. Adesso rimbomba nel capannone vuoto, fa vibrare le vetrate dell'ufficio.

«È Tonino» annuncia il papà.

Antonio Salvador, detto Tonino, è il nostro assicuratore da sempre. Ci è stato vicino quando, nel 2003, l'AGA fu distrutta dall'incendio doloso. Ci aiutò a districarci nel mare melmoso e affossante della burocrazia. La sua presenza, in quel momento di difficoltà, fu una delle poche consolazioni. Tonino non dubitò neppure per un istante della nostra innocenza.

Ora con lui abbiamo in sospeso una somma considerevole, la polizza incendi è scaduta mesi fa, non riusciamo più a pagare. Lui è al corrente di tutte le nostre vicende, è un assicuratore vecchio stile, passa dal cliente a ritirare il pagamento, consegna i documenti, scambia due parole. Mio padre gli dà la mano e va via, si vergogna. Io inizio a parlare, mi scuso ripetutamente, lui mi guarda con gli occhiali appoggiati a metà del naso, lo sguardo serio e stanco. Sembra non ascoltarmi. Sfoglia documenti e firma.

«Serenella, la prossima settimana mi ricoverano per un intervento delicato. Al risveglio forse non sarò più io». Mi porge un foglio con scritto "pagato" e la sua firma. «Non posso andare in ospedale sapendo che non siete coperti dall'assicurazione, non posso lasciarvi soli».

Abbracciando Tonino, gli lascio stampata sulla giacca una macchia scura di lacrime. Mio padre e Alessandro non hanno parole per esprimergli la stima e l'affetto che provano per lui.

Penso che, se siamo degni di occupare uno degli ultimi pensieri di Tonino, quanto meno è mio dovere reagire, fare quello che mi ha suggerito Luciano.

Prendo il telefono e chiamo un fornitore, uno a cui devo dei soldi. Ci vediamo la mattina stessa, è arrabbiato, deluso, urla la sua rabbia in un turpiloquio continuo. La sua è una grande azienda, toccata dalle vicende del gruppo Masiero più di quanto potessi immaginare. Forse più dell'AGA, non sono sola.

L'incontro è carico di tensione e sete di vendetta. Mi mette a disposizione una sala comoda e ben arredata, se riuscirò a trovare altri fornitori coinvolti, altre aziende nella stessa situazione di insolvenza, almeno per scambiare quattro chiacchiere.

I mancati pagamenti costringono ditte sane come la nostra ad accumulare debiti con le banche, con i dipendenti, con lo Stato, e la scarsità di lavoro non ci consente di far fronte a ulteriori insoluti. Per la prima volta, da imprenditrice, apro gli occhi e vedo la cruda realtà. Finora non abbiamo mai fatto rete, non sappiamo nemmeno che faccia abbiamo. Ognuno ha curato il suo orticello, e finché l'economia girava è andata bene così, ma ora crolliamo uno dopo l'altro senza sostenerci.

Se i problemi non ti toccano da vicino, sei cieco e sordo. Lavori chiuso a riccio, senza interessarti al bene della collettività. Comprendo troppo tardi che questo sistema di fare azienda è sbagliato. Ognuno rappresenta il tassello di un mosaico più grande: insieme possiamo fare la differenza.

Ne parlo con Luciano e immaginiamo un gruppo di imprenditori, aziende di varie dimensioni, terziste o fornitori, tutti colpiti da perdite ingenti: una sorta di class action di piccole e grandi imprese che si mettono insieme per ricucire il tessuto massacrato del Nord-Est, un tempo tanto produttivo. Sappiamo che riusciremo a recuperare ben poco di quanto ci spetta, ma abbiamo bisogno di dimostrare la nostra buona fede. Vogliamo ripartire con la faccia pulita. Se siamo arrivati fino a questo punto, è perché abbiamo creduto nelle garanzie di lavoro e pagamento che ci venivano fornite.

Per me prima di tutto viene la morale. Il timore di arrecare danno agli altri e di non vivere serenamente con noi stessi ha sempre impedito a me e alla mia famiglia di infrangere leggi e regole. Se lo avessimo fatto, non ci saremmo più sentiti liberi. Le parole che definiscono i reati hanno suoni atroci, peccati senza possibilità del perdono di Dio.

Conoscevo lo stretto necessario delle leggi che normano il lavoro. Per noi fallire non era contemplato, non ero al corrente dei cambiamenti che dal 2006 hanno stravolto il Regio Decreto 267 del 1942 che disciplina il fallimento, in quanto non conforme alla legislazione europea.

Ho scoperto solo dopo che, da allora a oggi, è avvenuto un radicale cambio di mentalità: si è attenuata l'inclinazione punitiva della legge fascista. Un tempo chi falliva andava incontro a limitazioni pesanti della libertà personale che avevano l'obiettivo di soddisfare i creditori. Non veniva contemplata l'eventualità che l'azienda fallita potesse recuperare produttività. Adesso, invece, l'obiettivo è salvare l'impresa, intesa come valore economico da tutelare. Il fallimento diventa la soluzione ultima, viene privilegiato il concordato con i creditori. E se non è possibile un salvataggio, la liquidazione della società avviene con tempi e costi più contenuti rispetto alla legge del '42.

Con la crisi, però, accade che operatori economici spregiudicati si approfittino di queste riforme, utilizzandole a loro vantaggio. È vero, la legge permette di fallire e di arrivare più facilmente a un concordato, ma bisogna fare i conti anche con la propria coscienza.

Sono travolta da una frenesia di eventi, pensieri, sensazioni.

«Sai cosa diceva Platone?» mi chiede Luciano. «L'inizio è la parte più importante del lavoro».

Io, però, mi vedo ancora come un naufrago del *Titanic* e penso che la morte, forse, sarebbe una liberazione. Lui non molla, mi accompagna in ogni passo, e così trovo la forza di cominciare la ricerca. Ricavo il primo contatto dai documenti che viaggiavano insieme al materiale in arrivo all'AGA: è il signor Ermanno. Quando gli spiego, resta senza parole. Gli sembra curiosa questa proposta di fare rete per affermare la nostra dignità, al di là del riscontro economico.

Accetta di incontrarmi per gentilezza. I suoi capelli bianchi e folti danno risalto agli occhi scuri e birichini. Sfoggia un baffo conquistatore, che incornicia il sorriso sincero. Un'ombra di tristezza gli vela lo sguardo, per le ultime vicende che l'hanno colpito. Il signor Ermanno è in pensione, ma resta un artigiano, un uomo pieno di creatività e di voglia di fare, che lascia un segno dove passa, che sa vedere oltre. Con lui nasce un'amicizia profonda. Mi fa bene trovare una persona perbene, degna di rispetto.

Gli confido che non mi basta sfogare la rabbia, voglio costruire qualcosa di positivo. Ho scoperto dentro di me una forza che non credevo di avere, vivo un cambiamento profondo, una rivoluzione nel mio modo di pensare e di agire. Accade non per una mia libera scelta, ma per salvarmi dall'abisso in cui ho paura di sprofondare. Se non iniziamo a uscire dagli schemi e a curare la nostra anima, cosa resta di noi? Quando viviamo? Io non aspiro a un'altra vita. Vorrei solo un po' di pace per mio papà.

Il secondo fornitore che contatto è il signor Valter. Trovo il suo numero sull'etichetta adesiva di un bancale. Respiro a fondo e telefono. Gli spiego con cautela il motivo della chiamata e lui inizia a raccontarmi i fatti tristi delle sue aziende, con una voce profonda, resa più lieve dall'accento trevigiano.

Valter e Ermanno non sono due ragazzini, sono imprenditori esperti, eppure anche loro sono caduti nella mia stessa trappola, ingannati da promesse e rassicurazioni. Ora, se non altro, mi sento meno stupida. Non sono così incapace e ingenua. Anche altri, come me, si sono buttati a capofitto nel lavoro materiale, certi che passata la difficoltà del momento tutto sarebbe rientrato nella normalità. Loro, come me, vedevano nella mole di lavoro una garanzia di solidità.

Fissiamo la riunione la sera del 29 marzo, venerdì santo. Aderiscono una decina di imprenditori, qualcuno invita anche degli avvocati. L'imbarazzo è palpabile. Non siamo abituati a incontrarci e a discutere dei problemi, c'è chi chiacchiera per mascherare la tensione, chi si guarda intorno con espressione interrogativa, le mani in tasca. Ci mettiamo a sedere.

Tocca a me parlare per prima, tutto è nato per mia iniziativa, ma il mio intervento dura poco, vorrei lasciare spazio agli altri. Invece, a prendere la parola è un avvocato. Uno che sa parlare meglio di me e stravolge il senso dell'incontro. Spiega con grande abilità retorica che la mia proposta è solo una pazzia, un gesto dettato dalla disperazione, che trascinerà tutti in una lunga e costosa battaglia legale.

«Il vero nemico sono le banche, attaccarle darà un riscontro economico certo e veloce» sostiene.

Sul volto dei presenti si disegnano le espressioni più diverse. Alcuni hanno paura, altri si illuminano al pensiero di un riscatto economico. Qualcuno ascolta con le sopracciglia inarcate, fermo sulla sedia a braccia conserte. Presto gli avvocati passano alla richiesta dei dati personali di chi vuole procedere.

Mi sale una vampata al viso, divento rossa come un peperone. Devo fare qualcosa, questa riunione l'ho voluta io.

In piedi, con le gambe di gelatina e la voce tremolante, chiedo gentilmente ai signori avvocati di accomodarsi fuori. Increduli, mi fulminano con lo sguardo ed escono.

«Signori, riflettiamo bene» dico a quel punto, «non lasciamoci ipnotizzare dal miraggio di un compenso in denaro. Pensateci, il nostro esempio potrebbe servire a tanti altri per non ritrovarsi nelle nostre stesse condizioni. Da noi arriverebbe un segnale positivo, di unione tra imprenditori onesti. La nostra dedizione al lavoro e al dovere non può essere manipolata da nessuno» concludo, e non so nemmeno dove ho trovato il coraggio.

Prende la parola Claudia Murador, che rappresenta una delle aziende per conto dei titolari. È una donna minuta, senza trucco, con grandi occhi marroni e un viso delicato da bambina; anche lei è avvocato. Indossa un impermeabile beige con profili marroni in ecopelle, almeno una taglia più grande di lei. Capisco che ha colto tutto il mio dolore e la mia angoscia. Dietro quell'aria fragile nasconde la grinta di una leonessa. Decidiamo di prenderci un po' di tempo per riflettere sul da farsi.

Gli altri avvocati rimettono frettolosamente in ordine le schede di adesione ancora vuote e si dileguano con evidente disappunto.

In quel momento mi viene in mente la telefonata di Alfredo Belluco di Confedercontribuenti che ho ricevuto poco prima di Natale, dopo la pubblicazione della mia lettera sui giornali. Sono tutti in piedi, chi è uscito a fumare, chi sta già parlando di calcio, qualcuno chiede cosa facciamo adesso. Percepisco la diffidenza nei miei confronti, devo sembrare una Giovanna D'Arco, invasata come sono. Non mi importa, voglio solo fare qualcosa perché non vada perso tutto quanto, sento che è troppo importante dimostrare che siamo tanti, contro un sistema malato, favorito dalla crisi.

«Sentite, chiediamo un parere agli esperti di Confedercontribuenti» propongo. «Loro sapranno spiegarci se vale la pena fare causa alle banche. Non ci costa niente».

Accettano.

È notte fonda quando torno a casa. Loris mi aspetta sul divano con la luce spenta, davanti alla TV. Il calore del fuoco acceso è un sollievo. Gli racconto ogni particolare, grido la mia rabbia a bassa voce, per non svegliare Alberto. Chissà cosa pensa Loris di me, ora che non sono più la ragazza mansueta di un tempo. Adesso che la nostra tranquillità familiare è minacciata, e le rinunce e i sacrifici per l'AGA sembrano fatica al vento. Tutto quello che abbiamo perso non tornerà più.

Loris non sa come aiutarmi. Mantiene la calma, ma sento che ha il respiro affannoso, cerca la parole per rassicurarmi. Poi tace e accoglie il mio sfogo tra le braccia.

Passo la notte insonne. Decido di scrivere ad Alfredo Belluco e alla sua assistente, Rafaella Zanellato. Li ho conosciuti di persona a Dese, ospiti di don Enrico Torta, detto Robin Hood. Raccontavano di come a ogni nuova riunione di Confedercontribuenti si aggiungeva un volto nuovo, affranto, scavato dal dolore. Dicevano di reagire, di non farsi schiacciare, di informarsi sugli strumenti per difendersi. Soprattutto, invitavano a non rimanere isolati, per fuggire il pensiero di un gesto estremo.

Il 1° aprile, il lunedì dell'Angelo, alle sette sono sveglia. La cucina profuma di caffè, il camino si è spento nella notte, un timido sole di primavera intiepidisce la stanza. Loris e Alberto stanno ancora dormendo. Immersa nel silenzio, allineo i biglietti da visita che ho raccolto venerdì sera e mi chiedo se l'anima può ammalarsi. Che domanda... Oltre ad avermi travolta economicamente, tutta questa faccenda mi sta trasformando nel profondo. Gli argini delle mie certezze sul lavoro e sulla vita si sono rotti. L'equilibrio matrimoniale è scosso, anche se io e Loris restiamo in piedi, aggrappati disperatamente l'uno all'altra.

Ho un'anima nera, non riesco a perdonare. Dubbi e interrogativi mi perseguitano. Ci hanno spremuto come limoni, schiacciandoci il cuore per far uscire le ultime gocce.

La mia Via Crucis prosegue ben dopo la Pasqua, fino al 9 aprile, quando i fallimenti di ANTEA e Legnomobil vengono dichiarati ufficialmente. Già l'8 aprile, però, una nuova società, Legnomobil 2 S.r.l., viene iscritta nel Registro delle imprese. È subentrato un investitore esterno e i fratelli Masiero sono diventati suoi dipendenti. Clienti, macchinari e capannone sono gli stessi. Tra aprile e maggio altre due società dei fratelli Masiero falliscono. Scopriamo che gran parte dei crediti di ANTEA nei confronti di Legnomobil sono insoluti. In totale, le quattro aziende chiudono con oltre 25 milioni di euro di debiti, e di certo noi fornitori non vedremo un centesimo.

Alla Guardia di Finanza

«Pronto, AGA».

Una voce femminile, tesa, elettrica, chiede di me.

Mi inonda con una raffica di parole. Resto zitta ad ascoltare e alla fine invito quella donna sconosciuta a venirmi a trovare in azienda.

Chiara è una bella signora, appariscente, tacco dodici portato con disinvoltura. Un cliente in comune l'ha informata del mio tentativo di fare rete tra gli ex fornitori di ANTEA e Legnomobil, per fermare la strage di aziende. Mi consegna un foglio in carta intestata della sua ditta.

«Leggilo ad alta voce» dice.

A me tremano le mani. È un esposto datato 19 febbraio 2013, in cui si informa la Procura della Repubblica di Pordenone di fatti di eccezionale gravità.

«Siamo vittime di un piano preordinato da tempo» commenta Chiara. «Sapevano che non ci avrebbero mai pagato».

Io continuo a leggere le sue parole: "Disponibile a rendere testimonianza, con la presente informo che l'inadempimento di cui sopra mi obbliga a chiudere l'attività, lasciando senza lavoro tredici dipendenti. Siamo certi del coinvolgimento di molti altri imprenditori che versano nella nostra stessa condizione per la medesima causa. Chiedo pertanto il Vostro autorevole e urgente intervento".

L'esposizione dell'azienda di Chiara è di 350.000 euro.

"Devo parlarne con Luciano" penso. Mi chiedo se ci siano

indagini in corso. Sono confusa, schiacciata sotto il peso di un meccanismo più grande di me. Più vado avanti, più mi sembra incredibile che la mia vita tranquilla sia stata stravolta fino a questo punto. Ma è capitato anche ad altri, senza che nessuno se ne rendesse conto.

Lentamente stiamo aprendo gli occhi sulla violenza subita, morale, economica, personale. La prossima riunione tra i fornitori è fissata al 12 aprile, con la presenza di Rafaella Zanellato di Confedercontribuenti.

Io e Claudia Murador siamo le prime ad arrivare. Lei capisce che la necessità principale è quella di riconquistare fiducia in noi stessi. Poi ci sono le insolvenze verso gli enti previdenziali, l'erario, i fornitori, la mole di dipendenti che rischia di restare senza lavoro. Un tornado che colpisce quattro province: Pordenone, Treviso, Venezia, Udine.

Claudia non è solo un avvocato, è anche una mamma, che nella cartellina, insieme ai documenti e agli appunti, conserva i disegni del figlio. È una donna sensibile, che ha scelto di lasciare un importante studio di avvocati per difendere i più deboli, i senza nome, alla Caritas. Adesso ha un'attività in proprio, lavora per i diritti delle donne e delle famiglie, per le cause in cui crede. È la persona giusta per noi, idealista e professionale allo stesso tempo. Quando la vedo, penso a un topolino che ferma un elefante.

Uno dopo l'altro, arrivano anche gli altri imprenditori, alcuni volti nuovi, come quello di Chiara. Pesa la mancanza di uno dei presenti della volta scorsa. Alla prima riunione sembrava un fantasma. Aveva tenuto per tutto il tempo gli occhi incollati al piano del tavolo, evitando di incrociare lo sguardo degli altri. Doveva soldi a molti di noi, me compresa, ma nessuno avrebbe osato alzare un dito per incolparlo. Le sue due aziende non ce l'hanno fatta.

Sappiamo tutti che ANTEA e Legnomobil hanno presentato i libri in tribunale. Prendiamo coscienza di quanto la situazione sia grave, irreparabile, diffusa.

«Adesso cosa facciamo?» chiede qualcuno.

Cala il gelo. Io, con una convinzione che sorprende anche me stessa, mi sento dire: «Signori, forse non siamo responsabili della situazione in cui ci troviamo ora, ma lo diventeremo se non faremo nulla per cambiarla».

La Giovanna d'Arco che è in me dà una scossa ai presenti. Mettiamo gli altri al corrente dell'esposto di Chiara e del fatto che dovrà tornare alla Guardia di Finanza. Claudia propone di formulare un secondo esposto, per rafforzare quello di Chiara, con le nostre firme. Rafaella appoggia l'iniziativa. In sala si innesca un dibattito animato. Si accavallano pensieri e frasi sul fallimento, la paura delle banche, le tasche vuote, la testa che esplode, la rabbia. Avremmo bisogno di tempo.

Decido di accompagnare Chiara alla Guardia di Finanza. Ho la sensazione che non ci seguiranno in tanti, ma io devo andare avanti. L'acconto del TFR di Loris è perso, non vedremo un centesimo, abbiamo un mutuo ipotecario, mesi di fatturato a credito in fumo, siamo insolventi verso lo Stato. Almeno dobbiamo salvare la faccia.

Lunedì mattina, alla Guardia di Finanza, trovo Chiara, stanca, con quattro cartelle colorate gonfie di documenti. Dopo di lei è il mio turno per il colloquio, all'inizio sarà una chiacchierata informale. Mi sento a disagio lì dentro, anche se non sono una delinquente. Non ci sono quadri alle pareti, né piante ornamentali, solo l'essenziale. Seduta su una poltroncina, ho il viso bollente, il battito del cuore accelerato, mi manca l'aria.

Il Capitano Cassano percepisce la mia tensione, accende una sigaretta elettronica e rompe il ghiaccio, mi chiede se ho famiglia, parla delle sue donne innamorate di *Twilight*, la serie sui vampiri. Allora mi calmo e gli racconto tutto, dall'inizio alla fine. Piango. Lui prende un fazzoletto, sorride e me lo porge con rispetto. Finisce la ricarica della sigaretta elettronica. Sono trascorse tre ore. Registra ogni mia parola, i documenti sugli acquisti e sulle vendite, i passaggi di magazzino, gli assegni scoperti, le esposizioni bancarie.

Sono imprigionata in questa storia come quando cerchi di cambiare il vaso a una pianta troppo cresciuta e non riesci a districare il gomitolo delle radici aggrovigliate. Ma l'albero dell'AGA, che è anche il nostro logo, non si rassegna a morire.

Adesso che ho appena ripercorso la mia storia, mi chiedo come ho fatto a concedere ai fratelli Masiero di farmi tanto male. Forse mi sono bevuta il Piave. I sensi di colpa mi soffocano, riaffiorano i pensieri più neri. Sono senza energie.

Il Capitano mi saluta così: «Ho un solo credo, il tricolore e le Fiamme Gialle, sono un uomo di Stato e tutelo i cittadini onesti».

Uscendo dal palazzo della Guardia di Finanza, provo un certo sollievo, mi sono liberata di un fardello. Anche se continuo a nutrire dubbi sulla presenza dello Stato.

Mi metto in macchina, sulla stessa strada che percorro da anni per arrivare in azienda. Passo davanti a una casa con un grande giardino. La padrona di certo ama i gatti. Ce n'è uno nero, mi vede arrivare, mi segue con lo sguardo, ma non attraversa. Scoppio in una risata liberatoria al pensiero che forse ha avuto pietà di me, sono già abbastanza sfortunata.

Non sono impazzita, sono solo un po' più felice perché nella mia disavventura ho trovato compagni di viaggio che non mi fanno più sentire isolata e incapace. Ho incontrato un uomo come il Capitano Cassano, che mi ha reso le istituzioni in qualche modo più vicine.

Siamo rimasti in sei a portare avanti le deposizioni alla Guardia di Finanza. Faremo una querela condivisa, per difendere il buon nome di un pugno di imprenditori onesti del Nord-Est. Claudia, fragile e timida, saprà rappresentarci al meglio, perché ci crede. Lavoriamo fianco a fianco per giorni, tra dibattiti virtuali, lacrime di rabbia e pugni chiusi sulla tastiera. Rivivere tutto di nuovo è una tortura.

Fino a ieri ho letto romanzi gialli, libri fantasy, riviste femminili. Adesso mi trovo a cercare notizie sui giornali, a consultare i quotidiani on-line ogni giorno, per capire il senso di ciò che è successo attorno a me, mentre vivevo nella mia bolla innocente.

Resto sconcertata dalla quantità di cartelli "affittasi" e "vendesi" nelle zone industriali, dall'erba alta nei piazzali, dalle buche delle lettere che traboccano di pubblicità. Sono scomparsi i camion, in centro la gente cammina frettolosa, le vetrine sono vuote, coperte di fogli bianchi. Sui giornali trovo indifferenza. Penso che chi ci governa è molto lontano dal mondo reale. La politica italiana mi fa sentire come appena scesa dagli autoscontri, sballottata a destra e a sinistra, senza una direzione chiara. A fine corsa resti in mezzo alla pista, frastornata, costretta a inserire di nuovo un gettone per andare avanti.

La gente non ha più i soldi per fare la spesa, sfoglia i dépliant dei supermercati a caccia delle promozioni, non sa come pagare le bollette, fare il pieno dell'auto o comprare l'abbonamento del pullman per il figlio che va a scuola. I nostri ragazzi tentano fortuna all'estero, sono disposti anche a fare i lavapiatti, mentre qui arrivano giovani da altri Paesi, in cerca di opportunità. È questa la nostra Italia, così piena di storia, arte, industria, artigianato?

Per sfogare la tensione, la rabbia, l'ansia e la paura, scrivo. Il mio nervosismo ha il rumore dei tasti battuti dai polpastrelli, un ticchettio rapido, i pensieri scorrono come il filo di un gomitolo. Le dita piene di polvere della levigatura si muovono senza sosta. Si fermano a tratti, quando alzo gli occhi, rileggo ciò che ho scritto e vedo il mio volto riflesso tra le righe, mi leggo dentro, ritrovo dignità.

Le stagioni della vita ci passano sopra e lasciano il segno indelebile del tempo. Ho perso la serenità del mio nome, sono acida, fredda, capace di odiare senza pietà. Mi spaventa ridere, sognare, desiderare, ho così tanta paura di perdere tutto di nuovo che rinuncio a vivere.

Invito al Molo 5

La mattina aspetto il suono della sveglia per alzarmi, ma gli occhi sono aperti da tempo.

L'immagine allo specchio non è la mia.

"Ho visto la morte in faccia": una frase indelebile nella luce spenta delle pupille, che accompagna ogni mio gesto. Mi pettino, la ricrescita è evidente, i fili bianchi sono sempre più fitti. Le rughe attorno agli occhi e agli angoli della bocca sono profonde. Un tocco di matita, rimmel e burrocacao rosa mi fanno sentire un po' meglio.

Abbiamo ricominciato a pagare tutto con regolarità, combattiamo per recuperare il pregresso, ma l'unica cosa che conta è che non siamo morti. In azienda la squadra si è rasserenata, ha ripreso la sua vita normale, con i piedi saldi a terra, senza più sogni.

Fa male essere lasciati soli, non ricevere nemmeno una chiamata dalle associazioni di categoria, né dalle istituzioni. Ho scritto a tutti, senza avere risposte, al massimo una pacca sulla spalla.

Don Livio diventa la mia stella polare. Parlare con lui mi libera dalla sensazione di sporcizia che ho addosso. Chiacchieriamo a lungo. Mi racconta di quando va a benedire le case e nessuno gli parla di problemi economici, nemmeno chi è in cassa integrazione. Forse posso aiutarlo io a capire meglio la difficoltà di ammettere che si è in crisi.

La lotta più grande è verso la rassegnazione diffusa, "tanto non si può fare niente", un continuo rimpallarsi di responsabilità e problemi. Sono delusa e demoralizzata. Il peggio l'ho affrontato da sola.

È luglio, il caldo umido mi incolla addosso la polvere dell'AGA. Corro da Farida, la mia estetista da sempre. Mi "restaura" a un prezzo stracciato. Mesi fa ha scoperto che non andavo più da lei perché non me lo potevo permettere: si è quasi offesa, sono stata la sua prima cliente, non mi avrebbe mai abbandonato.

A quarantacinque anni, puoi essere una donna splendida, nel fiore di una giovinezza matura, con una sensualità diversa. Puoi essere ancora attraente, ora che hai imparato a tenere testa agli uomini. Io invece sono un disastro. Il mio corpo è diventato rigido, mi sono costruita attorno una barriera per proteggermi da tutto e tutti, Asterix con addosso una botte di legno. Solo una seduta da Farida riesce a farmi sentire meglio.

Suona il cellulare, è Marco Nardin, il presidente dei Giovani Imprenditori di Venezia, uno dei tanti a cui ho comunicato la mia situazione, in cerca di aiuto. Ha una voce fresca, squillante. Mi aspetto di fissare un incontro in ufficio, ma lui mi spiazza con un invito alla festa d'estate, al Molo 5 di Marghera. Sorrido imbarazzata, tanto lui non può vedermi.

Non vado in discoteca dal 1986, quando ho conosciuto Loris. Tornarci adesso che sono in una situazione disperata mi sembra surreale. Sono titubante, accetto per non deludere la sua cauta insistenza.

«Sarà un'occasione di incontro e allegria tra giovani imprenditori» aggiunge.

L'idea mi terrorizza, non ho abiti da sera né tacchi a spillo. Scrivo un messaggio di SOS a Lorena, la mia insostituibile parrucchiera, le spiego l'emergenza, lei fissa un appuntamento per il colore la mattina dopo. Mi usa come cavia, per provare nuovi stili e tinte, così posso permettermi di andare da lei come da Farida.

L'invito al Molo 5 mi ricarica, i preparativi mi occupano la mente, scacciano le preoccupazioni e la tristezza, sto meglio. Il pensiero che io e Loris torneremo in discoteca dopo ventisei anni mi emoziona. Un po' di tregua non può farci male. Voglio sentirmi femminile, voglio che mio marito sia orgoglioso di starmi accanto. Voglio portare alta l'immagine dell'AGA, ancora in piedi nonostante la tempesta che abbiamo passato.

Al Molo 5 mi tremano le ginocchia. L'accoglienza è informale. Siamo al tavolo con le candele profumate al cioccolato e arancio, un abbinamento sublime, insieme ad alcuni imprenditori di San Donà. Incrocio Marco Nardin e subito dopo Fabrizio Flaborea, il responsabile del Settore legno di Confartigianato Portogruaro. L'anno scorso ha levigato pannelli da noi, non immaginava che l'AGA vivesse un momento tanto drammatico. Conosco Ildebrando Lava, di Confartigianato San Donà. Corporatura robusta, silenzioso, sguardo attento, mi intimorisce. Ho scritto anche a lui. È un misto tra Mazzini e Verdi, con una vena di Che Guevara, agguerrito e un po' retrò. Sento il profumo del suo dopobarba. Ascolta la mia storia con partecipazione: è la stessa di tanti piccoli artigiani senza importanza. Prometto di tenerlo al corrente degli sviluppi futuri, sarà una figu ra fondamentale, saprà darmi la forza per proseguire la lotta.

È notte fonda quando io e Loris lasciamo la festa. Per tutto il tragitto fino a casa chiacchieriamo, come non ci capitava di fare da tempo. Ultimamente in macchina, lunga o corta che sia la strada, io guardo fuori, le macchie colorate si susseguono senza lasciare traccia, mentre il pensiero è altrove. Lui mi osserva, zitto.

Ora invece parliamo degli invitati, di quelli giovani e spavaldi con tanta fiducia nel futuro, e di quelli più vicini alla mia età, arrabbiati, delusi, che ripetono che è meglio andare all'estero. Quelli orgogliosi del Made in Italy.

Al Molo 5 ho incontrato tante persone in grado di comprendere la mia situazione e forse qualcuno di loro mi starà accanto. Da quando ho depositato la querela, una strana calma si è impadronita di me, come se fosse tutto finito e da lì potessi ripartire. Per questo mi sto allontanando pian piano da Luciano: lui mi riporta al passato, mi incalza a non mollare, ma io ho bisogno di energie nuove per ricostruire la mia vita e far ripartire l'AGA.

Le mie scelte non cambiano, le mie battaglie non vengono accantonate, semplicemente decido io come portarle avanti.

Mi infilo sotto le lenzuola e mi vedo nella scena di un film, con addosso le scarpe più comode che ho, le più usurate e collaudate. Ho percorso tanta strada, salite, discese, pavimenti lisci, sentieri di sassi e buche, fino a un campo che sembra semplice da attraversare.

Parto, sulla via ammiro un fiore selvatico, calpesto una montagnetta di terra, mordo il gambo di una spiga sopravvissuta alla mietitura.

Poi osservo il cielo e vedo avanzare delle nuvole minacciose. Inizia a piovere. Piccole gocce mi bagnano le spalle e i capelli. Ora piove fitto. Il terreno non riesce più ad assorbire l'acqua, si trasforma in un mare di fango. Le scarpe non reggono, a ogni passo uno strato di fango ingrossa le suole.

Le gambe diventano pesanti, le ginocchia si induriscono, i piedi avanzano in modo sconnesso, fanno male. L'acqua scende sul viso, gli occhi bruciano, i vestiti freddi si appiccicano alla pelle.

Chiedo a Dio di far smettere di piovere. Quando ormai sono ricoperta di fango, radici e foglie, il cielo si apre e spunta il sole. Ce l'ho fatta.

Adesso però ho bisogno di una coperta calda e di un'anima che mi dia un passaggio fino a casa.

Appropriazione indebita

Per alcuni mesi del 2012, ho scelto di pagare gli stipendi e non i contributi, consapevole dei rischi che correvo. Una decisione che ricade penalmente sull'amministratore dell'azienda: io, accusata di appropriazione indebita. Se non avessi pagato gli stipendi non sarei perseguibile, non è assurdo?

L'8 luglio scrivo ai direttori di INPS e INAIL. Custodiscono anni di impegno, sudore, fatiche dei lavoratori, garantendo il diritto sacrosanto a una vita dignitosa, nelle difficoltà e in tarda età.

È mio dovere adempiere ai versamenti a carico dell'azienda, come ho sempre fatto. Ma oggi, se lo facessi, significherebbe perdere posti di lavoro. Non chiedo la carità, solo che le situazioni vengano analizzate nel profondo, perché non siamo numeri. C'è chi ci descrive come nababbi che hanno vissuto nel lusso, sperperando e sprecando, e si compiace di vederci in difficoltà. È la sentenza più dolorosa da digerire.

È vero, ci sono imprenditori che non hanno rispetto per i dipendenti, dettano legge, forti della potenza che rappresentano, incuranti dei danni che possono arrecare. Ma le piccole imprese a gestione familiare non possono dimenticare le persone, le braccia che eseguono il lavoro. Io non me la sento di lasciarli a casa.

Faccio domanda di rateazione in ventiquattro mesi: i debiti si possono pagare. La responsabilità penale, invece, non è regolarizzabile. Sono punibile con la reclusione fino a tre anni e una multa di 1.032 euro.

Ildebrando Lava, conosciuto al Molo 5, mi racconta che ogni giorno alla Confartigianato di San Donà di Piave incontra imprenditori con le stesse difficoltà, ostacolati dalla burocrazia, da leggi obsolete, da crediti bloccati, in ostaggio delle banche. Come Don Chisciotte, Ildebrando combatte per noi. Non rimane in silenzio di fronte al suicidio di artigiani come Ivano Polita, un uomo di sessant'anni, che si è impiccato nel suo capannone di Noventa di Piave per l'impossibilità di riscuotere quanto gli era dovuto. Ildebrando chiede una legge che garantisca tempi certi per i pagamenti e tuteli le imprese artigiane, sottolinea il loro ruolo sociale e produttivo, insostituibile per il nostro territorio.

Ci conosce bene, sa che siamo soli e indifesi, di fronte a chi commissiona lavori senza pagarli e resta impunito finché non si faranno norme adeguate. Sa che il sistema bancario deve cambiare, deve essere più vicino alle famiglie e alle imprese.

Conosce la rabbia e la disperazione di avere un credito e non riuscire a incassarlo, l'umiliazione di chiedere prestiti alle banche perché le fatture non vengono saldate, mentre noi dobbiamo anche anticipare l'IVA.

Sa che non viviamo in un Paese normale. Qui, se ti rivolgi alla giustizia, in cambio ottieni solo la certezza di una causa che durerà anni, a costi insostenibili.

Ildebrando ha tante proposte che ci renderebbero la vita più semplice: per esempio, cedere all'Agenzia delle Entrate i crediti dei clienti insolventi, chiedendo una compensazione con tasse e tributi e facendo in modo che a dover incassare non siano più i piccoli imprenditori indifesi, ma lo Stato. Rendere pubblico il nome di chi è insolvente. Questi punti, messi insieme, segnerebbero la via della salvezza.

Ildebrando non si scoraggia mai, è diventato l'alba del mattino che illumina le vette delle montagne, lungo la strada verso l'AGA. La sua forza di volontà e la sua positività sono contagiose. È il compagno di viaggio di cui avevo bisogno, per la mia parte lavoratrice. Sa insegnare e sostenere, incalzare, criticare, incoraggiarmi a credere in me stessa. Per tutto il resto, riscopro che ho Alberto e Loris.

La sera, con il caldo, dopo la doccia mi concedo una pausa in terrazza, con i piedi allungati su una sedia. L'acqua rinfresca e alleggerisce la stanchezza della giornata.

Se le proposte di Ildebrando diventassero realtà, potremmo andare avanti con una direzione precisa, con la sicurezza di essere tutelati da regole giuste. Un sogno, in cui ognuno è l'ingranaggio di una macchina che funziona.

Ildebrando installa allarmi nelle case, nei negozi e nelle fabbriche, per proteggere quello che abbiamo di più caro. Elena accoglie i bambini a scuola. Rita gestisce il suo negozio, aperto con coraggio in tempi di crisi. Isabella lavora in ospedale. Saschia confeziona panini con perfezione maniacale, perché un boccone ben curato può cambiarti la giornata. Io e Alessandro siamo operativi come sempre, all'AGA. Il camion di Nazzareno ci porta il materiale da levigare. Percorre lunghi tragitti, osserva luoghi e persone, è testimone del bello e del brutto sulla strada.

"Se ognuno di noi facesse semplicemente il proprio lavoro" penso, "il mondo sarebbe giusto".

Annuso il profumo intenso del basilico sul davanzale. Le ore passate in azienda, anno dopo anno, sono entrate a far parte del nostro DNA, non potremmo fare altro. Siamo piccoli imprenditori, con volumi d'affari ridotti, senza investimenti milionari, ma ogni giorno è speciale, quando vedi la materia che si trasforma nelle tue mani. Siamo la ricchezza di questo Paese. Costruiamo muri, scaviamo fossi, cuciamo bottoni.

La scuola ti rende libero, ma ogni lavoro merita rispetto. Conoscenza e tecnologia possono trasformare in arte la professione più umile.

La mia vita era semplice e perfetta, non avrei mai pensato che sarebbe cambiata così.

L'incontro con il Prefetto

Leggo la Costituzione. Siamo tutti uguali di fronte alla legge, lavoratori privati, pubblici, dipendenti, autonomi. Quando don Livio mi propone di andare all'incontro con il Prefetto, il 25 luglio a Concordia, vedo la possibilità di incontrare lo Stato italiano nella figura di una persona reale.

Gli ultimi mesi sono stati una maratona, hanno messo a dura prova i nervi, i sentimenti, l'equilibrio familiare. Fa caldo, sono stanca, non vedo l'ora di andare in ferie. Luglio è un mese d'oro, si lavora a ritmo incalzante, arrivano tutti all'ultimo, prima della chiusura d'agosto. Sfinita, ancora piena di polvere che sembra farina, passo da don Livio per farmi spiegare meglio.

Il suo ufficio imperfetto mi fa sentire a mio agio: l'arredamento datato in legno scuro, gli scaffali ricolmi di libri, la scrivania piena di fascicoli, appunti, altri libri, la poltrona girevole in pelle scura. Dalla finestra si scorge la facciata del Municipio. Don Livio mi mostra l'invito all'incontro con il Prefetto.

Questa visita potrebbe essere un'occasione per un confronto tra il mondo del volontariato, quello imprenditoriale, la Protezione civile, i soggetti attivi sul territorio, che ne conoscono accuratamente le difficoltà. Ma l'invito è solo per le associazioni di volontariato.

A don Livio non importa, vuole che lo accompagni io.

Il Prefetto rappresenta il Governo centrale nelle province, l'anello che unisce lo Stato con il popolo. Voglio dirgli che c'è bisogno di più attenzione alla moria di aziende, che giorno dopo giorno arrancano come pesci agonizzanti nella calda laguna veneziana.

La Serenissima, patria di mercanti e navigatori, ha perso il suo slancio, è un motore stanco e avvilito. Abbiamo bisogno dello Stato. Le vittime sono troppe, cadute in solitudine senza che nessuno abbia capito la disperazione dei suicidi. Voglio proporgli un tavolo di lavoro, per riunirci tutti insieme.

Tra i compiti del Prefetto, mi informo, c'è quello di promuovere e consolidare le energie del territorio, a garanzia dei diritti dei cittadini. E noi siamo a disposizione, con il cuore, le braccia, la mente.

Il 25 luglio passo alla canonica per andare all'appuntamento insieme a don Livio. Lui si infila la giacca blu, appena più scura dei pantaloni.

«Sempre la solita storia, le giacche restano nuove e i pantaloni si consumano. Ma alla fine non si nota, vero?» scherza.

Usciamo, con il sole che brucia la pelle e neanche un filo d'aria.

Ci sono il sindaco, con la fascia tricolore, i rappresentanti di alcune associazioni di volontariato e delle forze dell'ordine.

L'auto blu arriva puntuale. Iniziamo con una visita al battistero, lo stesso in cui sono stata battezzata il 18 febbraio 1968. Per la prima volta ascolto la spiegazione sulla simbologia delle figure dei santi degli affreschi. Passiamo alla cattedrale. Qui santo Stefano è raffigurato con un sasso in testa, allusione alla morte per lapidazione. Resto affascinata dalla statua in legno della Madonna con Bambino, racchiusa in una nicchia luminosa. Camminiamo sulle lastre di vetro che mostrano i segni di un edificio più antico, sotto di noi. La guida spiega con voce bassa e monotona. Il momento è surreale. Io, che ho trascorso la mia vita dentro un capannone, ascolto storie sconosciute di affreschi e sorgenti miracolose, nella stessa chiesa in cui ho preso tutti i sacramenti. Starei ad ascoltare per ore.

La temperatura aumenta. È quasi mezzogiorno. Il trucco si scioglie, la gola è arsa. È ora di entrare in Municipio, nella grande sala al primo piano. Di notte, è bello l'effetto di queste finestre illuminate con i fari tricolori.

Adesso qui dentro si gela. Mi chiedo quanta corrente hanno consumato per creare quest'effetto freezer. Ho la pelle d'oca mentre cerco di capire a quali risultati possono portare tante belle parole. I vari interventi non aggiungono nulla di concreto, mentre da qualche parte nella sala gli esquimesi devono essersi costruiti gli igloo e i pinguini danzano sulle sedie vuote, quelle che avrebbero dovuto occupare i cittadini, con i loro problemi reali. Un grande applauso mette fine all'incontro. Usciamo tutti, tranne il Prefetto e gli uomini in uniforme.

Don Livio, fermo sul pianerottolo, osserva un quadro.

«Finisce così? Tutto qui?» mi chiede.

Io, irrigidita dal freddo, balbetto: «Ma cosa posso fare? Il Prefetto non ha domandato se c'era qualcuno a rappresentare il mondo delle imprese...».

«Vai tu da lui, poi passa a dirmi com'è andata. Non ci saranno altre occasioni, Serenella».

Ha ragione. Salgo le scale e torno nella cella frigorifera. Il capo dei Vigili indossa l'uniforme, che invidia! Mi sorride e chiede se ho dimenticato qualcosa.

«Vorrei solo parlare con il Prefetto».

È la prima volta che incontro una persona tanto importante. Sono emozionata, ma ho anche la consapevolezza che mi ascolterà solo se saprò essere incisiva. Lo invito a visitare le aree industriali, a confrontarsi con gli imprenditori locali, gli spiego le nostre problematiche. Tutto d'un fiato, espongo un elenco di fatti e criticità. Risponde che proprio nel pomeriggio ha un incontro con l'INPS e promette di far presente il mio racconto.

«Vede, la distanza tra la gente e le istituzioni rafforza la diffidenza, si parte prevenuti, invece in questo momento abbiamo bisogno di cercare il dialogo» aggiungo. Vuole che gli scriva una e-mail e si raccomanda di sollecitare una sua risposta, se non dovesse arrivare nel giro di qualche giorno.

«Ci risentiremo a breve» promette.

Il capo dei Vigili mi accompagna fuori.

«È lei che ha scritto una lettera a "La Nuova Venezia"?» mi chiede. «Il suo nome mi dice qualcosa».

«Sì, la settimana prima di Natale».

«Ah ecco. Sa che per qualche giorno ci siamo chiesti chi fosse?»

Hanno parlato di me. Perché non mi hanno cercata? Eppure il mio SOS partiva dalla piccola Concordia Sagittaria. Incontrarsi, scambiare due chiacchiere, costruire una rete di solidarietà costerebbe poco.

Torno al lavoro, svuoto una bottiglia d'acqua. Sono di nuovo nel mio mondo, nel caldo soffocante del capannone con i portoni spalancati, senza un filo di vento. Tolgo l'abito della festa, indosso maglietta e pantaloncini, raccolgo i capelli e ripenso a questa avventura. Ho avuto coraggio.

Lungo la schiena continuo a sentire i brividi. Ho freddo, in tutti i sensi, ma non posso concedermi il lusso del riposo. Devo sgrezzare le antine, creare la mia nuvola di polvere e riprenderle alla fine per il ritocco con l'acetone, il diluente, il colore. Gli aspiratori vanno al massimo, ma dovrei usare la mascherina per non respirare polvere e fumi.

La tosse non mi dà tregua, mi sento bruciare nella cassa toracica.

Domenica, al Pronto soccorso, scopro che ho preso una broncopolmonite virale.

Lunedì sono di nuovo al lavoro, non posso permettermi di stare a casa l'ultima settimana di luglio, con il materiale da consegnare e gli animi da tenere a bada.

Il 2 agosto, finalmente, è l'ultimo giorno prima delle ferie.

Siamo riusciti a evadere tutte le commesse nei tempi stabiliti. Ci salutiamo stanchi, i visi sfigurati dal caldo e dalla fatica, ma fiduciosi. Ci rivedremo il 20 agosto, qualche giorno di ferie meno del solito, ma pazienza. C'è chi brontola un po', giusto per non perdere l'abitudine, ma il clima è rilassato. Il fantasma di quel terribile 23 dicembre, quando non sapevamo se l'AGA avrebbe riaperto, è lontano.

È trascorsa più di una settimana dall'incontro con il Prefetto. Non ha risposto alla mia e-mail, così ne scrivo un'altra, carica di rabbia, delusione, dolore. Gli faccio presente che l'autunno arriverà presto e tutte le persone che ho visto ai cancelli delle aziende in cerca di lavoro saranno ancora disoccupate, avranno fame. Le dispense di don Livio si svuotano in fretta.

Il problema, mi permetto di sottolineare, non sono i furti negli appartamenti. Gli chiedo dov'è la legge, dov'è lo Stato che dovrebbe proteggere gli imprenditori onesti. Non voglio sussidi, chiedo solo norme più giuste, che mi tutelino invece di additarmi a delinquente perché non riesco a pagare i contributi dei miei dipendenti. Forse, oltre alla bellezza della cattedrale e degli scavi, il Prefetto avrebbe dovuto visitare anche le nostre zone industriali, un panorama desolante, oppure il centro storico, con i negozi chiusi. La lontananza dalla capitale mi porta a rivolgermi a lui, il rappresentante del Governo sul territorio, perché si avvicini ai nostri problemi.

Ognuno di noi recita una parte in questa vita, a me tocca la lotta contro i mulini a vento.

La notte dei desideri

Le ferie iniziano con la cura di una verruca che mi provoca un dolore lancinante al piede e una gita a Mestre, presso Equitalia, per richiedere una rateizzazione più lunga dei debiti pregressi.

Parto con due ore di anticipo, non si sa mai. Cerco un accordo, non voglio la guerra, ho tutta la documentazione che dimostra i crediti che non riscuoterò mai.

Non c'è traffico, arrivo a Mestre guidata dalla voce piatta del navigatore, mi trovo davanti al palazzo del Gazzettino. Sembra fatta, e invece per l'agitazione sbaglio strada e prendo la svolta per Venezia. Chiamo Loris, mi dice di stare calma, di andare al Tronchetto e di tornare indietro.

In lontananza, immersa in una nebbiolina d'estate, Venezia è un'immagine meravigliosa. La laguna brilla al sole del mattino.

Torno indietro e finalmente arrivo a destinazione, in via Torino. Entro in un palazzo che per qualcuno è la moderna Sacra Inquisizione. Da marzo di quest'anno ho ricominciato a pagare tutto regolarmente, mi sento meglio, ma restano gli arretrati. Al mio posto, pochi si rivolgerebbero direttamente a Equitalia: c'è la convinzione che sia una perdita di tempo, tanto nessuno ascolterà.

Io invece credo che sia un mio diritto cercare il dialogo con le istituzioni nel momento della difficoltà. Il silenzio ci rende attaccabili, io parlo, perché non ho nulla da nascondere. Pesano la vergogna dei debiti, la paura di non farcela, la necessità di chiedere aiuto ai propri familiari, ai genitori anziani, rendendoli partecipi di situazioni umilianti. Non dobbiamo tacere, se vogliamo sopravvivere e sconfiggere i nostri mostri.

Mi trovo davanti a una giovane donna, che comprende la situazione ed è quasi a disagio nel dovermi imporre per forza una rigida tabella di marcia. Fa il suo lavoro, applica la legge, ma alla fine ottengo ciò che ho chiesto: la possibilità di pagare il debito, appesantito da sanzioni e interessi, in settantadue rate, una conquista. Non è il trionfo della giustizia, ma considerando che siamo in Italia sono felice così.

Adesso sono ufficialmente in ferie e cerco di godermi la deliziosa quotidianità di casa, senza sveglia, senza piatti riscaldati né lavatrici programmate in base alla lavastoviglie per non far saltare la corrente, senza rincorrere le lancette dell'orologio.

Ci concediamo il lusso di una gita in montagna, per avvicinarci alle stelle nella notte dei desideri, San Lorenzo. Saranno due giorni all'avventura, in camper e tenda, con tutti i nostri amici: i due Mauro, Isabella, Saschia, Agnese, Massimo e Michela.

Il sollievo di annegare i piedi nell'acqua ghiacciata mentre il sole riscalda la pelle mi ripaga delle poche comodità e scaccia l'angoscia dei debiti.

Fiori colorati spuntano tra le rocce bianchissime, le radici degli abeti affondano fino al torrente, creando giochi d'acqua suggestivi. Massimo e Alberto si tuffano nella pozza del Diavolo. Noi chiacchieriamo di politica, lavoro, figli, sesso, pettegolezzi, vecchie avventure di gioventù. Saschia riesce perfino a dormire.

La sera è il momento che preferisco. Il profumo della carne e del rosmarino si diffonde nell'area pic-nic. Soffio sul fuoco per ravvivare le braci. Il cielo al crepuscolo è elettrico e tutt'intorno le montagne sono avvolte nel buio. La polenta resta attaccata alla griglia, Mauro la recupera scottandosi le dita. È tutto un passaggio di carne arrostita, panini, terrine, pentole, bottiglie, verdura. Scherziamo, abbiamo mille cose da dire, facciamo un baccano terribile, ma tanto quassù non disturbiamo nessuno. A casa saremmo tutti più nervosi, con la TV accesa, magari senza parlare né guardarci negli occhi.

La mente è finalmente libera dai pensieri, mi sento una donna normale, viva, serena, quasi felice. Sdraiati sotto le stelle, avvolti nelle coperte, aspettiamo le stelle cadenti. Il cielo è un velluto bucato dalle luci, se si potesse toccarlo se ne sentirebbe la morbidezza. Passa un lampo e sparisce dietro alla montagna. A quella stella affido il mio desiderio. Rimango sveglia a lungo, cullata dal rumore del torrente, finché il sonno mi porta via.

La mattina dopo, per la prima volta, io e Loris assistiamo al nascere di un nuovo giorno tra le vette. Siamo ancora insieme, nonostante tutto. Essere vicini in questo momento è la risposta a tanti dubbi, domande, incertezze, al mio essere troppo concentrata sull'azienda, trascurando a volte mio marito. Lui che sa commuoversi per un film o una canzone, che si ferma di fronte alla bellezza della natura, lui che si sente libero a cavallo della sua moto.

Ultimamente, quando non riesco a dormire, mi volto a guardare il suo profilo, il petto che si alza e si abbassa al ritmo del respiro. Allungo un piede per toccare il suo, mi dà sicurezza.

Questa crisi mi ha cambiato. Sono ridimensionata, nel portafoglio e nei desideri. Cerco l'essenziale, un'esistenza normale, con problemi risolvibili, dialogo e rispetto reciproco, voglio ritrovare la gioia di sedermi a cena o di una gita in famiglia con panini e birra. E alla fine, la sera, prima di addormentarmi, voglio ringraziare Dio e ricordarmi che sono fortunata, anche nei momenti più bui.

Scesi dalla montagna, passiamo Ferragosto al mare. Vedo salire in cielo una miriade di lanterne cinesi, silenziosa processione di luci tremanti, fiamme arancioni che volano in alto come preghiere. Le hanno accese delle mani piene di speranza, hanno atteso che si riempissero di aria calda e poi le hanno lasciate andare. Ora danzano nella notte, finché piano piano si spengono.

Penso agli imprenditori che negli ultimi mesi si sono uccisi strangolati dalle difficoltà economiche. Loris e Alberto potevano essere qui, sulla spiaggia, ad accendere una lanterna per me. Invece siamo insieme, con il naso all'insù, ciascuno immerso nei propri pensieri.

Io ho in mente il battito del cuore di Alberto alla prima ecografia, i piedini che spingevano nel pancione, la prima poppata al seno. Penso alle donne rimaste vedove con i figli piccoli o adolescenti, con il peso di dover spiegare perché il papà non c'è più, reprimendo la rabbia e il dolore. Siamo arrivati a questo punto? L'unica soluzione resta il suicidio?

Non posso dare consigli né giudizi. Credo che dobbiamo cambiare, per amore, per ricominciare, per non morire.

Non succede nulla

La sveglia riprende a suonare alla solita ora. Loris mi abbraccia e mi deposita un bacio dietro l'orecchio. Alberto dorme, gli accarezzo leggermente i capelli e corro a farmi il caffè.

È il 20 agosto, non c'è traffico, i balconi delle case sono ancora chiusi, la gente è in ferie. Potrei fare la strada a occhi chiusi.

Via Fratelli Cervi, sono a casa. I muri sono roventi, il capannone è un forno se sta chiuso per alcuni giorni di seguito. L'odore dei pannelli in poliestere è fastidioso, le ante appoggiate sui bancali sono calde. Alla chiusura abbiamo lasciato tutto in ordine, con il lavoro pronto per il rientro, che è sempre traumatico, perché se ti fermi per un po', quando riprendi, i movimenti sono scoordinati. Il corpo fatica a seguire la mente.

Le luci sono accese, mio padre è qui dall'alba. Pulisce, sistema, inventa attrezzi nuovi. Mi verrebbe da dirgli: "Papà, ti voglio bene".

Ma non trovo il coraggio, lascio passare un'altra occasione, con la paura che le nostre vite sfuggano via parallele, facendoci perdere l'attimo giusto per guardarci negli occhi e confidarci tutto. Vorrei avere la libertà di Gaia, la mia nipotina.

Invece succede il contrario: nel timore costante del suo giudizio, l'unica cosa che riesco a fare è affrontarlo, spesso in modo brusco.

Non è facile per lui ricominciare a settantadue anni, con i capelli bianchi e il fisico forte segnato dal tempo, per amore verso di noi e per l'orgoglio del suo nome. Ho scelto di andare avanti anche per questo, non posso vedere lui sconfitto e mia madre che si consuma perché non può fare nulla.

I motori degli aspiratori partono con il solito sibilo, dalle finestre dei portoni entra prepotente il sole d'agosto. La polvere bianca si solleva nell'aria, come lo zucchero a velo su una deliziosa pasta diplomatica. Ritroviamo il ritmo, le ante prendono forma, Valeriu e Luigi sono attivi alla levigabordi. Per essere puntuali al lavoro, sono rimasti poco in Romania, perché i giorni di ferie non coincidevano con quelli dei pullman per rientrare.

La zona industriale è immersa nel silenzio, non passa un camion, solo noi siamo al lavoro. Quando i nostri clienti riapriranno, consegneremo il materiale puntuali. Crediamo ancora che essere seri e affidabili sia il nostro valore aggiunto e contiamo che venga apprezzato.

Sono passati alcuni mesi dalla deposizione alla Guardia di Finanza e non è successo nulla, l'assenza di riscontro mi logora. Andiamo avanti e cerchiamo di sopravvivere, come prima, da soli.

Una sera, però, accade l'inaspettato. Sono a Latisana con la mia famiglia e alcuni amici per vedere le sfilate di moda dei negozi della città, guardo le modelle, so che non potrò permettermi nessuno di quegli abiti. Un tempo vedevo qualcosa che mi piaceva e nel giro di una settimana finiva nel mio armadio, ma oggi non è questo il pensiero che mi fa male.

La serata è stata allegra, siamo arrivati a mezzanotte mangiando frittelle alle mele e sorseggiando birra di Sauris. Mi viene in mente di controllare il telefono e trovo una e-mail di Claudia. La Prefettura di Venezia, via posta elettronica certificata, ha risposto alla mia richiesta di incontro e mi ha fissato un appuntamento con il Viceprefetto. Sono felice. Sembra che qualcuno abbia sentito il mio sconforto, il mio grido d'aiuto, il bisogno di avere una risposta dalle istituzioni, perché il silenzio non uccida ogni speranza.

Dal Viceprefetto

Preparo una cartella con i documenti da consegnare al Viceprefetto, per testimoniare la mia storia, sperando che li legga. Sono nervosa, cerco di approntare un discorso che abbia un senso, con le parole giuste. Non riesco neanche a mangiare. Mi accompagna la mia amica Isabella.

«Sere, con te non si va mai in giro per musei, solo Prefetture, uffici di Equitalia e la Guardia di Finanza» scherza, e a me esce una risata liberatoria.

Arriviamo a campo San Maurizio con largo anticipo, il tempo di prenderci un caffè senza il pensiero di perderci tra le calli veneziane e arrivare in ritardo. Un Carabiniere ci fa accomodare all'ingresso, su una fredda panca di marmo. Alle 15.30 in punto mi chiama, mi guida dentro il palazzo, per un cortile interno, una scala grigia e porte altissime in legno massiccio, con pesanti serrature antiche. Devo suonare un campanello e attendere.

Una signora elegante mi fa accomodare in sala d'attesa. A breve mi chiameranno. Le finestre si aprono su un panorama mozzafiato. Un gruppo di manifestanti sventola bandiere gialle e rosse con il leone di Venezia e inneggia al Veneto libero, sotto gli sguardi incuriositi dei passanti e i flash dei turisti.

Entro nell'ufficio del Viceprefetto, mi presento con un'energica stretta di mano. Lui, senza invitarmi a sedere, mi chiede lo scopo della visita. Il Prefetto, oberato di lavoro, non può darmi udienza e lui è all'oscuro di tutto.

Mi mancano le forze. Sento il volto avvampare per l'agitazione, sto per scoppiare in lacrime quando mi vengono in aiuto le parole di Isabella: «Respira a fondo, digli chi sei, parla, non aver paura».

Comincio il racconto, il battito del cuore rallenta. Lui mi invita a sedere, non mi interrompe, ascolta senza fare domande. Vedo il suo viso cambiare espressione, travolto da quel fiume di vita reale. Alla fine, domanda di nuovo perché sono lì.

«Mi rivolgo a Lei, Viceprefetto, perché rappresenta l'anello di congiunzione fra me, che faccio parte del popolo, e coloro che grazie al nostro voto ci governano dalla lontana e indifferente capitale. Le chiedo leggi che ci tutelino dalle ingiustizie, chiedo l'apertura di canali di dialogo con gli istituti previdenziali e con l'erario, non per avere sconti su quanto è dovuto, ma perché si valutino le situazioni e le colpe».

Continuo, tutto d'un fiato: «Non posso difendermi, non devo difendermi, piuttosto dovrei essere tutelata dallo Stato italiano, protetta e riscaldata dal tricolore. Propongo un tavolo di lavoro con i sindaci, le associazioni di categoria, i sindacati, la Prefettura, per difendere chi lavora onestamente, per rilanciare l'occupazione».

Rimane in silenzio per qualche secondo. Poi mi chiede cos'ho nella cartellina che stringo al petto. L'avevo dimenticata. La sfoglio per mostrargli la documentazione. Mi chiede se può tenerla e mi dice che il Governo non è abbastanza forte per sopperire alle necessità del popolo. Lui, soldato sul campo, non può fare altro che tenere monitorato il territorio, non è suo il compito di presentare o proporre leggi. Può solo farle rispettare. Mi consiglia di trovare qualcuno che prenda a cuore la mia causa, che è la stessa di tanti altri imprenditori, e cercare di portare avanti un progetto che dia risultati applicabili alle situazioni. E poi mi confida: «Signora, lei si presenta a me con lo stesso impeto che dieci anni fa animava una fabbricante di bottoni. Anche lei si rivolse alla Prefettura per denunciare un torto subito. Oggi incontro un'altra donna, che con coraggio denuncia un sistema obsoleto e inadatto ai tempi odierni. Io la incoraggio a non demordere e a guardare al futuro con fiducia».

Resto gelata. Sono passati dieci anni tra me e la signora dei bottoni e siamo ancora allo stesso punto. Mi alzo, saluto educatamente.

Isabella mi attende ansiosa nell'androne. Sono rimasta a colloquio quasi un'ora e mezzo senza accorgermene. In treno, guardo Venezia allontanarsi insieme a tutte le mie aspettative. Come si fa ad avere fiducia di fronte a parole così disarmanti?

Il tradimento

L'unico modo che ho di tornare in pace con me stessa è lavorare, illudermi che in questa calma apparente vada tutto bene. Ma non riesco più a sognare. Arriva un'altra bastonata e fa davvero male. Ricevo un'ingiunzione di pagamento da parte del tribunale di Venezia, sezione lavoro.

I primi di aprile, Ana aveva dato le dimissioni per giusta causa, per essere rimasta senza stipendio nei mesi da novembre a febbraio, per la stanchezza fisica e lo stress, per l'indebolimento dovuto al tumore, che era riuscita a superare.

Qualche giorno dopo, firmata l'ipoteca del capannone, le avevo saldato il dovuto, le ferie non godute, i permessi, la tredicesima, e le avevo proposto di pagarle il TFR a rate. Di questo avevano discusso il mio consulente del lavoro e la responsabile della CGIL, quindi pensavo che l'accordo fosse stato raggiunto.

Ci avrei messo due anni a saldarle tutto, ma di più non potevo dare, sommando tutte le altre uscite avrei rischiato di rimanere di nuovo indietro con i contributi o, peggio, con gli stipendi dei dipendenti. Soprattutto, sapevo che la famiglia di Ana non versava in povertà. Mi sentivo la coscienza pulita. A lei ero stata vicina come a una sorella durante la malattia, non poteva averlo dimenticato.

E invece sì: non mi aveva portato di persona nemmeno la lettera di dimissioni. Era sparita senza una spiegazione.

Adesso mi appare tutto più chiaro. Il suo avvocato mi intima di pagare subito l'intero importo del TFR e chiede al Giudice il sequestro dei conti correnti in via cautelativa. Non ha nemmeno avuto l'accortezza di sottrarre alla somma richiesta i bonifici già effettuati. Per l'azienda sarebbe devastante. Per me è un pugno in pieno volto. Leggo solo la volontà di attaccare, di intimorire, fare la voce grossa con chi – è evidente – versa in difficoltà. E Ana lo sa, non può non saperlo. Ha affidato tutto nelle mani di un legale, senza una parola, senza tentare un dialogo.

La mente e il corpo assorbono il dolore come una scarica elettrica, dritta al cuore. Respiro, devo reagire.

Il direttore della banca mi spiega che, se dopo i quaranta giorni concessi per legge non pagherò il dovuto oltre alle spese legali, un ufficiale giudiziario si presenterà in banca per bloccare i conti correnti. Salterebbe quel fragile equilibrio raggiunto con tanta fatica.

Saldare il conto sembra la strada più semplice, ci toglieremmo il pensiero, ma significherebbe non pagare lo stipendio a chi lavora ancora in azienda. I miei dipendenti capirebbero? Non peserebbe l'ingiustizia di punire proprio loro che non hanno tradito l'azienda?

Il Lemene scorre lento e culla i rami dei salici piangenti. Lungo la strada c'è un cantiere, rallento. Gli operai sono al lavoro per costruire la pista ciclabile lungo la Cavanella. Tutto procede come al solito. Questa normalità è assurda mentre il mondo mi crolla addosso per l'ennesima volta.

Io e Alessandro decidiamo di chiedere consiglio a Claudia. Lei è sconcertata, più che da Ana dal comportamento del suo collega, che senza scrupoli è partito subito con un'istanza, consapevole che dalle dimissioni a oggi non c'è stata nessuna trattativa con la dipendente. Ci incoraggia a fare ricorso. La sua positività ha un effetto calmante, attutisce il mio dolore. È convinta che a prevalere sarà il buon senso.

Ricevo un altro telegramma dall'avvocato di Ana. È dura subire pressioni di questo genere. Vengo stritolata dallo sconforto, un acino d'uva nel torchio. Non capisco, non voglio credere che questo inferno sia partito da Ana.

È ancora Claudia, così minuta, l'unica a farmi forza.

«Non possiamo piegarci a un tale abuso di potere» dice.

Io sono nelle sue mani.

Entro il 27 ottobre dobbiamo depositare la documentazione a difesa dell'AGA. Claudia prepara una bozza dettagliata, ne discutiamo in Confartigianato a San Donà di Piave. Lì, ancora una volta, cerco un sostegno.

Che strana sensazione: il tradimento di Ana ha inferto un colpo alle mie speranze, ha messo in discussione le scelte fatte finora, dettate dalla convinzione che prima di tutto viene il bene delle persone. Ho sbagliato. Se avessi fatto fallire l'azienda, forse ora dormirei un po' di più.

Piove di continuo. Oggi sono sola nel capannone. Da molti mesi produciamo solo su commissione, senza tenere nulla in magazzino. Gli aspiratori sono spenti, fuori c'è silenzio assoluto.

Decido di passare in farmacia a prendere le pastiglie di valeriana per dormire. L'ennesima scatoletta.

Annalisa, che mi conosce da una vita, mi fa una proposta: «Serenella, non vuoi approfittare di una nostra iniziativa per le clienti? Si chiama "pillole di psicologia". Sai, forse la valeriana non basta: offriamo tre sedute di mezz'ora con una psicologa».

Accetto, sento il bisogno di parlare. Nella mia mente gli eventi sembrano confondersi tra incubo e realtà. Non capisco più cosa sto vivendo veramente, ogni cosa sembra tanto brutta da non poter essere vera.

Racconto tutto alla psicologa. Le confido anche che, per non dimenticare e spiegare a mio marito quello che sto attraversando, ho iniziato a scrivere. È curiosa, legge il mio diario e mi consiglia di continuare, perché scrivere è terapeutico.

«Vede, lei è in grado di esprimere i suoi sentimenti molto apertamente. È un dono raro, ne faccia uso».

TERZA PARTE

La rinascita

Profumi di Natale

«Serenella, avresti qualche idea per trasformare un mercatino di Natale in qualcosa di nuovo, che lasci a bocca aperta il responsabile dei commercianti di Concordia?»

Rita ha un negozio di abbigliamento e in questi tempi bui cerca con fatica di portare avanti l'attività di famiglia, come me. Anche lei è un'eroina involontaria dei giorni nostri, figlia di profughi dall'Istria, arrivati con le tasche vuote durante la guerra. La sua famiglia ha trovato la forza di ricominciare, lontano da casa, e Rita ha continuato quella tradizione con umiltà ed equilibrio.

Siamo in ottobre, ma lei è già terrorizzata alla prospettiva di passare anche quest'anno le domeniche di dicembre in negozio, con gli scaffali ancora pieni e i pagamenti in scadenza, pregando che un cliente varchi la soglia.

Vuole reagire, per non far scappare tutti verso i centri commerciali. Le viene in mente di animare Concordia con un mercatino di Natale. Non dev'essere la solita cosa, deve incuriosire. Gli altri commercianti sono scettici, sembrano aver perso la fiducia in un cambiamento e in se stessi. Solo uno raccoglie la sfida di Rita, a patto che l'iniziativa sia a costo zero. Qui entro in scena io.

«Lasciami pensare, Rita, qualcosa ci inventiamo» le prometto, con quello slancio che non so mai da dove mi arriva.

Penso ai mercatini di Natale, in montagna, con i vapori speziati del vin brulé a riscaldare i visi arrossati dal freddo e il profumo della salsiccia abbrustolita. Penso ai bambini, i veri protagonisti. Sono loro che credono nella magia, riescono ancora a sentire il tintinnio della campanella di Babbo Natale che scende dalla slitta con le renne.

Bisogna partire dai più piccoli, così arriveranno genitori, nonni e zii. Usiamo le mani e la creatività, ci basteranno materiali di scarto per costruire le decorazioni, coinvolgiamo volontari, travestiamoli da elfi del bosco, aiutiamo i bambini a scrivere a Babbo Natale. L'anziano signore vestito di rosso saprà parlare a tutte le famiglie di Concordia, di ogni cultura e religione. Apriamo la porta a tutti, è questo il senso vero del Natale. Creiamo l'angolo delle fiabe, dove i genitori possano lasciare i figli ad ascoltare storie, mentre loro fanno due chiacchiere e si bevono un caffè.

Rita è entusiasta, ottiene l'ok del responsabile dell'ASCOM. Coinvolgo Isabella e Saschia e decidiamo di incontrarci per pianificare.

La settimana scorre veloce. In AGA fortunatamente abbiamo ricominciato a produrre. Al mattino esco di casa nel buio, i fari illuminano la prima nebbia di stagione, la vedo aleggiare sui campi spogli.

Il lavoro è come il sole, mette in moto l'azienda con il suo personale, i fornitori, la banca, i clienti, riattiva il mercato, rimpolpa le casse dello Stato. Se manca, si ferma tutto. Alzo il riscaldamento.

È il momento in cui nel cielo brillano la luna e il sole insieme, ho sempre pensato che in questi attimi ogni desiderio possa prendere forma. Mi aggrappo a quell'idea, non voglio perdere la speranza, non voglio rinunciare a tutto ciò che ha costruito mio padre e che io e mio fratello abbiamo fatto crescere.

Sempre più mi rendo conto che siamo di passaggio su questa terra. Ma possiamo scegliere se affondare i piedi nella sabbia, dove il vento cancellerà presto ogni traccia, o provare a calpestare un terreno più solido, perché qualcuno ritrovi le nostre orme. So di aver dimostrato a mio figlio che lottare e credere in ciò che si fa è faticoso, ma è l'unica strada per non lasciarsi annullare come persone. Questo pensiero mi fa sentire in pace con me stessa.

Nei ritagli di tempo, penso al progetto con Rita, Isabella e Saschia: "Profumi di Natale". L'evento si definisce, ci metto tutto il mio impegno. Voglio regalarmi una parentesi di gloria e di felicità, risollevarmi dalla tristezza che mi ha oppressa per tanto tempo.

Ci troviamo i fine settimana a casa di Rita, un gruppo di genitori quarantenni, con i figli quasi maggiorenni, all'opera per realizzare tutto l'occorrente. Mi guardo intorno: l'abilità delle mani e la creatività sono ancora la nostra forza. Usiamo materiali di scarto dell'AGA, per creare vetrine con fiocchi di neve e stelle luminose.

Con poco riusciamo a dare vita a qualcosa di grande. Il progetto diventa realtà, sui muri di Concordia spuntano i manifesti. Ho il cuore colmo di felicità. Finalmente una cosa di cui gioire.

Siamo pronti, con gli addobbi, le casette di legno, il vestito degli elfi e la barba di Babbo Natale. Io avrò il ruolo più bello, raccontare storie ai bambini. Le previsioni meteo sono ottime, ci sarà il sole, sarà tutto perfetto. Trasformeremo piazza Costantini in una Bolzano in miniatura.

L'8 dicembre le campane suonano a festa, a messa c'è tanta gente, in molti hanno accolto l'invito di don Livio a far benedire i Gesù Bambini prima di metterli nel presepe. Mi fa sorridere, io non ho mai tenuto la statuina del Bambinello in un cassetto, da me sta sempre nella mangiatoia.

Siamo in attesa, pronti ad accogliere i primi curiosi che verranno al mercatino. Gli elfi distribuiscono le caramelle, invitano i bambini a salutare Babbo Natale. Ho i libri che leggevo ad

Alberto quando era piccolo, con le leggende d'inverno, i racconti sul presepe e le stelle comete.

Il primo gruppo di bimbi si siede in cerchio nella casetta che profuma di vaniglia, appoggio dolcemente una copertina bianca con i cuori azzurri sulle loro gambine. Li invito ad assaggiare i biscotti bucaneve, gli stessi che mangiavamo da piccoli io e Alessandro. I bambini li prendono timidi, forse non li conoscono, sono abituati a dolci più raffinati, ma cedono golosi e sorridono compiaciuti al primo morso. Sono emozionati, come me.

Inizio a leggere il *Grande libro delle fiabe*, ha gli angoli consumati. Poi continuo con altre storie. Dalle finestrelle sbucano i cellulari per immortalare le risate e lo stupore dei bimbi. La mia voce si carica di entusiasmo, la gioia dei piccoli è contagiosa.

L'incantesimo continua tutto il giorno, con la complicità del sole, un gran viavai di gente, il profumo di vin brulé, lo sfrigolio della carta trasparente che avvolge le creazioni degli elfi. La luce rosata del tramonto lascia spazio al buio, suonano di nuovo le campane ad annunciare la messa della sera.

Mettiamo via tutto. Alle otto è come se il magico bosco degli elfi non fosse mai esistito. Domani i bambini andranno a scuola e forse penseranno che davvero gli aiutanti di Santa Claus saranno tornati al Polo Nord a preparare gli ultimi regali per chi è stato buono.

Sono così elettrizzata che non sento la stanchezza.

Questo è il Natale della rinascita, sobrio, autentico, senza fronzoli. Sembra quasi che la mancanza di stabilità economica mi abbia portato, dopo tanta burrasca, la voglia di ricominciare con più energia, riscoprendo il vero senso della vita.

Appuntamento in tribunale

Il tribunale di Venezia, sezione lavoro, ha fissato per lunedì 16 dicembre la prima udienza del processo per il caso di Ana. Claudia vuole che io sia presente, perché ho sempre lottato in prima persona, e dimostrare il mio lato umano nella cura dell'azienda secondo lei può fare la differenza davanti al Giudice.

«Se ti lascerà parlare» mi spiega, «sentirà dalla tua stessa voce il motivo per cui hai scelto di pagare a rate il TFR di Ana e forse comprenderà».

È passato un anno esatto dalla pubblicazione della mia lettera su "La Nuova Venezia", il 16 dicembre 2012: *Io, imprenditrice in un Paese che lascia morire le aziende*. Le coincidenze, le date, i numeri che si ripetono sono semplici casualità o hanno un senso?

Oggi in azienda le ragazze sono al lavoro con il grembiule rattoppato e i guanti consumati, ma in magazzino le confezioni con il panettone e lo spumante per brindare all'anno nuovo non mancano. Tutt'intorno c'è un mondo che fa paura, le mense per i poveri sono sempre più affollate, i compro oro chiudono perché non ci sono più gioielli, i nostri migliori talenti vanno all'estero, la disoccupazione dilaga.

Eppure noi, traballando, restiamo in piedi.

Io sono rinata. Il ricordo della domenica trascorsa con i bambini mi scalda il cuore, mi protegge dal gelo della vita reale.

Fa caldo per essere inverno. Sul treno per Venezia, la fermata a Mestre è una finestra sull'umanità: signori eleganti con la ventiquattrore, ragazzi neri vestiti da rapper, indiani coi piumini rigonfi e i turbanti colorati, giovani donne con gli stivaletti alle caviglie e i leggings attillati.

Il treno riparte verso Venezia. Risale l'angoscia. Se il Giudice disporrà oggi stesso il sequestro immediato dei conti correnti, anch'io attraverserò il ponte dei Sospiri come i condannati a morte al tempo dei Dogi. Salterà tutto: stipendi, tredicesime, contributi previdenziali ed erariali. Claudia mi aspetta all'uscita della stazione. L'abbraccio è d'obbligo.

Nei corridoi affollati del tribunale l'aria è soffocante, sono sempre più tesa, ho la gola secca, mi sembra di non riuscire ad articolare nemmeno una sillaba. Sull'ultima porta a sinistra leggo "AGA S.n.c. contro Ana". Surreale. Io contro di lei, senza neanche esserci parlate di persona una sola volta.

Ana non c'è. Il suo avvocato è una bella signora, con la pelliccia lunga fino ai piedi e un paio di stivali visti solo in *Sex and the city*. Davanti a quella donna sento di aver già perso. Ho il viso infuocato e non riesco a smettere di schiarirmi la gola con piccoli colpi di tosse, mi succede sempre quando ho paura.

Aspettiamo un'ora. L'aula è arredata con mobili scuri e sedie imbottite di velluto a coste e ricci sugli schienali.

Il Giudice taglia corto: non c'è motivo di essere lì a discutere, io sono in torto e devo pagare.

Claudia interviene subito, spiega le mie ragioni, afferma che se abbiamo fatto ricorso è proprio per spiegare che l'impegno dell'AGA a onorare i debiti non è mai mancato.

La controparte inizia a elencare una serie di articoli, con una freddezza insopportabile.

Non riesco a trattenermi e sbotto: «Lei non sa niente di me, non ha idea di cosa voglia dire perdere tutto, avere voglia di non svegliarsi più, distruggersi per la vergogna, per aver trascinato la propria famiglia nella disperazione, lavorare senza percepire stipendio, senza gratificazione, impiegare ogni centesimo solo per pagare i debiti». Mi ascoltano sorprese, attente. Continuo come un fiume in piena: «Lei non sa cosa significa sentir dire al proprio padre che spera di vivere abbastanza per estinguere l'ipoteca sul capannone che si è costruito mattone su mattone con le sue stesse mani». Le lacrime sgorgano sulle guance, ma la voce è ferma, indignata, esasperata. Claudia resta in silenzio. L'altro avvocato è senza parole, il Giudice mi lascia continuare. E io non riesco a fermarmi: «Sapete perché sono qui? Perché non voglio chiudere la mia azienda lasciando da domani undici famiglie senza uno stipendio. Avvocato, lei elenca articoli di legge, agisce solo per difendere la sua assistita, eppure il sindacato dovrebbe pensare a tutti i lavoratori. Se mi costringete a pagare Ana adesso, avrete vinto una battaglia personale, senza pensare a nient'altro che al vostro interesse».

Mi ritrovo in piedi, il piumino è scivolato a terra. Guardo il Giudice. Ho finito. Mi siedo, le gambe di gomma non reggono più, il cuore scoppia, le tempie pulsano.

Il Giudice prende la parola: «Avvocato, in questi tempi bui non posso fare a meno di prendere in considerazione la grave situazione in cui versano numerose aziende. Mi riservo di valutare più attentamente il caso e convoco le parti, compresa la sua assistita, per il 27 gennaio. Chiedo nel frattempo di cercare una mediazione, cosa che avreste già dovuto tentare prima di arrivare in aula».

«Signor Giudice, riferirò al mio collega che mi ha incaricata di presenziare oggi, ma sa bene che non sarà d'accordo».

«Senta, avvocato, la gente si uccide e io ho l'obbligo e il dovere di ascoltare un imprenditore in difficoltà. In quanto a lei, signora Antoniazzi, sappia che la legge non la tutela, non ci sono regole né articoli che io possa esercitare per consentirle di continuare a pagare ratealmente il TFR alla dipendente. Ha sbagliato chi le ha consigliato questa strada, ma la responsabilità è solo sua. Sia presente il 27 e continui a mantenere regolari i pagamenti».

La bella signora avvocato esce frettolosamente dallo studio. Io mi fermo sulla soglia, ringrazio il Giudice per la sensibilità e il rispetto verso tutti coloro che hanno perso la vita per i debiti, imprenditori, operai, disoccupati.

«Di niente, signora Antoniazzi, sono fatta così, ma si ricordi che non ho potere senza leggi».

Mi chiedo come sia possibile che a sei anni dall'inizio della crisi non ci siano norme che tutelino gli imprenditori onesti nel momento della difficoltà.

Per Claudia quella di oggi è una vittoria, io invece penso che sia una sconfitta, ma non la mia, perché il mio coraggio mi ha portato fino a qui. A perdere, oggi, è lo Stato italiano.

Torno verso casa con la preghiera di avere la forza per tenermi stretta questa vita e rimediare ai miei errori.

Gennaio scivola via senza che né Ana né il sindacato si facciano sentire per un accordo. Sono convinta che stavolta otterranno il pagamento immediato.

Di nuovo sul treno per Venezia, mi sento come i nobili francesi, con le mani legate dietro la schiena e i capelli arruffati, pronti alla ghigliottina, scherniti da chi faceva della morte uno strumento di libertà. Nemmeno la magia della nebbia in laguna riesce a catturare la mia attenzione. Claudia mi sorride mesta, percorriamo le calli in silenzio.

Ana è già arrivata, con suo marito e un uomo più anziano, l'avvocato. Li saluto e non rispondono, una coltellata al cuore.

È il nostro turno. Sostengono che non abbiamo fatto alcun tentativo di mediazione e non intendono accettare il saldo mensile alla cifra irrisoria di trecento euro. Claudia ricorda i tentativi di mediazione avanzati prima dell'udienza del 16 dicembre, le risposte minacciose nei miei confronti.

Il Giudice chiede a Ana se la sua è l'unica entrata in famiglia e viene a sapere che sono in quattro a percepire uno stipendio regolare.

Allora si rivolge a me: «Signora Antoniazzi, quali considerazioni l'hanno spinta a pretendere dalla sua dipendente tanta pazienza per ricevere il totale dovuto?».

«Sapevo che Ana aveva una situazione familiare per cui non l'avrei messa in difficoltà proponendole un pagamento a rate. Pensavo anche che lei avrebbe compreso le mie motivazioni, perché non ho mai nascosto nulla alle mie dipendenti: il mutuo ipotecario, la perdita dei crediti legati ai fallimenti di altre aziende. E poi ci conoscevamo da anni, c'era un bel rapporto, credevo».

Il suo avvocato mi attacca subito, facendo della malattia di Ana la spada da brandire per annientarmi. Ma il Giudice lo interrompe: «Prenderò altro tempo per decidere. Vi do appuntamento per la prossima udienza al 22 ottobre».

Dieci mesi: mi sta dando la possibilità di ultimare i pagamenti dovuti senza blocco dei conti correnti. Ana avrà quanto le spetta e l'AGA non chiuderà.

«Non mi deluda, signora Antoniazzi, la aspetto» aggiunge il Giudice.

Provo una sensazione meravigliosa, di giustizia. La legge non è uguale per tutti, ma chi la applica può fare la differenza.

Questa vittoria mi dà la forza di tentare altre strade, nuove strategie. Il lavoro c'è. Piano piano, con fatica, chiudo posizioni scomode, pago i dipendenti, i contributi e l'IVA. Continuo la mia strada in salita.

Il mio compleanno

Due giorni dopo, il 29 gennaio, è il mio compleanno. Lo festeggio con ancora addosso l'euforia della piccola grande conquista ottenuta in tribunale, per la fiducia che un rappresentante dello Stato ha riposto in me, di fronte alle mie parole appassionate e disperate.

Negli ultimi anni sono cambiata in tutto, anche nel modo di fare acquisti. Quando mi compro qualcosa lo pondero bene, lo misuro e rimisuro, chiedo e pretendo, finché la commessa non mi propone quel che fa davvero al caso mio. Non posso più permettermi di arrivare a casa e pentirmi dell'acquisto. Poi, quando indosso un abito nuovo anche solo per mangiare un gelato con Loris, mi sento soddisfatta. Do un valore diverso a ogni cosa.

A casa ho scarpe mai messe, ormai fuori moda, triste ricordo di quando usavo il bancomat senza pensieri. Ho vestiti che servono solo a occupare spazio nell'armadio, indumenti che rivedo nei cambi di stagione, e braccialetti, collane, orecchini, potrei aprirci un negozio. Sono piena di oggetti inutili, accumulati negli anni di benessere dentro scatole impolverate, cose che non ho mai indossato. Oggi le riciclo, per apprezzarle un po'.

Mi sono tagliata i capelli ancora più corti, ho imparato a farmi il colore in casa, anche la cura del corpo è fai da te, veloce, sotto la doccia, niente ceretta, solo lamette usa e getta.

Quando voglio rinascere, mi concedo una visita nel salone di Lorena o da Farida.

Sorrido, ho quarantasei anni e l'umore che cambia di continuo come quello di un'adolescente. Mi guardo allo specchio e vedo i segni del tempo. Poi abbasso gli occhi, per dimenticarli. Il cuore batte all'impazzata, senza far rumore. Provo rabbia e impotenza. I miei anni migliori scorrono via, vivo nella paura di perdere tutto. Si dice che i soldi non facciano la felicità, però rendono la vita migliore, perché la miseria rinsecchisce gli animi e i sentimenti.

Non sono vecchia, ho una vita davanti, se il Signore mi concederà la salute, ma il tempo scivola veloce, devo cercare di mantenere ciò che ho e di non perdere di vista quello che voglio continuare a essere.

Ogni sera, Loris è a casa ad aspettarmi, insostituibile compagno della mia vita. So che vorrebbe fare di più, ricoprire l'antico ruolo del capofamiglia che un tempo portava a casa il pane mentre la moglie si occupava solo della casa e dei figli. Come mio padre.

Oggi accade che talvolta in famiglia i ruoli siano invertiti e sento che questo a Loris pesa. In quei momenti riscopro il potere della femminilità, una sfumatura di rosa fa scomparire l'armatura indossata al mattino per affrontare il mondo, mi cingo i fianchi con il grembiule da cucina e mentre in sottofondo il telegiornale elenca i fatti del giorno mi metto ai fornelli.

Loris si sfoga commentando le notizie di politica, la crisi, gli scandali. Arriva anche Alberto e durante la cena non mi pesa alzarmi più volte, per servire amorevolmente i miei due uomini. Dimentico la stanchezza accumulata nelle braccia e nella schiena, finché arriva la notte e da sola, in silenzio, mi lascio andare ai pensieri. Ecco le quote rosa, siamo noi, le donne che vivono il presente combattendo in prima linea, lontano dai riflettori, senza che nessuno se ne accorga. Vedo le stesse cose quando mi specchio negli occhi delle mie ragazze, le mie operaie.

In questi due anni ho passato momenti bui, mi sono annullata come persona, mi sono assunta la colpa per la tragedia che ha colpito l'azienda. Adesso comincio a chiedermi: se tutto fosse andato per il verso giusto, il merito sarebbe stato solo mio? Ragiono. No, sarebbe il risultato della squadra, è solo quando le cose vanno male che c'è bisogno di trovare un responsabile. Questo pensiero è un regalo nel giorno del mio compleanno.

Ci sono momenti in cui Loris mi osserva, mentre io vago con il pensiero: «Dove ti sei persa?» mi chiede.

Ho la mente satura, sono smarrita, non ricordo i nomi dei personaggi famosi. Io non sono una donna culturalmente preparata, leggo poco i giornali, non conosco le regole che governano l'economia e la finanza, non ho le basi di ragioneria per presentare da sola un bilancio, creo il mio dare e il mio avere in un semplice quaderno a quadretti, lo compilo di pari passo con le operazioni di *home banking*, perché vedere le cose scritte sulla carta, nero su bianco, rende tutto più reale. È al mio commercialista, Giorgio, che affido questi numeri. Io svolgo il lavoro fisico, cerco soluzioni a problemi irrisolvibili, rincorro consegne impossibili, esorto gli operai a essere più produttivi e poi non dimentico mai di ringraziarli, perché il risultato finale dipende da loro.

Adoro la musica. La colonna sonora della mia vita sono i versi di Baglioni, Zucchero, Venditti, canticchio le loro canzoni, ballo mentre stiro e a distanza di tempo certi motivi fanno riaffiorare magicamente istanti che credevo dimenticati.

Oppure lascio andare la fantasia, sogno di cantare su un palco, con un abito tempestato di lustrini come Jessica Rabbit, che ondeggia leggero seguendo i movimenti dei fianchi, i capelli raccolti, le spalle scoperte e la luce riflessa dal cristallo degli orecchini.

Scappare dalla realtà, qualche volta, aiuta ad affrontare le brutture di ogni giorno, a schivare la paura che mi investe come un camion lanciato a piena velocità.

Quello che mi pesa di più è non conoscere le bellezze dell'Italia, il bel canto, la lirica, la grandezza di tanti uomini che hanno dato al mondo opere straordinarie. La mia finestra sulla cultura è Alberto. Le rare volte in cui è disposto a raccontarmi cosa studia, ascolto rapita i suoi discorsi, le trame dei miti o dei libri di autori che ho solo sentito nominare.

Vuole fare l'insegnante, lo appassionano le lettere classiche. Ha sogni e aspirazioni molto diversi dai miei, eppure è successo che si dilungasse in discorsi sulla continuità dell'azienda di famiglia, portando idee e innovazioni per cercare nuovi sbocchi. Mi onora che mio figlio non abbia mai scartato l'idea di proseguire il mio lavoro.

Io non sono mai salita su un aereo, e non ho mai dormito nella cuccetta di un treno di notte. Non ho mai visto Roma. Resto incantata davanti a ville e castelli vicino a casa. Qui posso trascorrere una giornata in famiglia, respirando cultura, arte, storia, davanti al cestino del pic-nic.

Vivo intrappolata nel mitico Nord-Est, dove i contadini sono diventati imprenditori, hanno fatto crescere i garzoni come figli e questi, a loro volta, sono diventati artigiani, passando gran parte della vita in azienda, compresi i sabati e le domeniche.

Oggi che la locomotiva si spegne siamo disorientati, la mancanza di lavoro lascia un vuoto nell'anima e nelle mani così abituate a fare. Le fabbriche chiudono, falliscono, riaprono con nomi nuovi, tagliano i dipendenti, la disoccupazione sembra meno pericolosa perché c'è la cassa integrazione. Ma quanto può durare?

Salgo le scale di casa, scorrendo le foto incorniciate, appese una vicina all'altra, le spolvero e mi vedo giovane, in abito bianco, accanto a Loris, sorridente e amorevole, come oggi.

Guardo l'immagine di Alberto, fiero, con in mano una trota più grande di lui. Un gradino dopo l'altro, noi siamo più vecchi, nostro figlio più grande. Dove sono stata in questi anni?

Ho fatto la mamma, la moglie e la figlia part-time, mentre levigavo antine. Eppure, gli unici che porteranno il ricordo della mia presenza per sempre sono i miei genitori, mio marito e mio figlio.

Ora il vero pensiero felice è di essere diventata mamma. L'amore per Alberto ha saputo fermare il tempo, riavvolgere il nastro e far ripartire la storia mia e di Loris.

È stato un errore cercare di proteggere loro, che sono le persone più vicine che ho, dalle vicende dell'azienda, lasciandoli all'oscuro per molto tempo. Avrei dovuto parlare da subito. Rischiavamo di crollare per questo, ci siamo salvati per un soffio.

Ora so cos'è importante per me, ma ho anche promesso che farò di tutto per salvare l'azienda.

Quando il capannone è vuoto, mio padre si perde nella preoccupazione di non produrre, l'assenza della fatica fisica, dell'impegno giornaliero, lo rende un'anima smarrita, senza pace. Entra in ufficio e scarta una caramella dopo l'altra. L'inerzia forzata lo uccide.

Io e Alessandro vorremmo approfittarne per andare a casa, fare commissioni arretrate, invece restiamo lì tutti e tre, ad aspettare che qualcuno chiami. Ci mettiamo alla ricerca di nuovi clienti, sistemiamo il muletto che perde olio, puliamo i finestroni sempre pieni di polvere. Facciamo passare il tempo, mentre la testa è martellata di pensieri che, lentamente, diventano dolore.

Se lavoro sono utile, se produco sono utile e la mia presenza può fare la differenza. Non voglio chiudermi a riccio e dire: "A me cosa importa?".

A me interessa se mio padre in azienda passa il tempo a lucidare gli attrezzi e i macchinari, fino a renderli splendenti, in attesa che arrivi materiale da levigare.

Mi importa se i dipendenti, tra battibecchi e discordie, nei momenti più bui sono stati sempre al nostro fianco.

Mi importa aver passato gran parte del mio tempo accanto a mio fratello, da quando eravamo bambini e giocavamo con i telefoni rossi, oggi che abbiamo superato la metà della vita.

Mi importa la paura di mia madre, quando ho deciso di mettere a nudo tutta la verità scrivendo ogni cosa.

Mi importa che gli imprenditori onesti possano continuare a creare ricchezza per l'Italia.

La legge per me

Rischio una denuncia per appropriazione indebita, per non aver versato i contributi INPS e INAIL di dieci mesi, nel 2012. È un reato penale. Lo sapevo, ma ne avevo parlato con i miei dipendenti, avevamo deciso di comune accordo che in mancanza di liquidità era meglio lo stipendio immediato rispetto alla pensione futura. Ho agito secondo coscienza. Adesso paghiamo le rate con Equitalia, gravate da interessi e sanzioni, per un totale di 1.200 euro al mese. Abbiamo privilegiato i pagamenti verso i dipendenti e i fornitori, usando il poco a disposizione per il sostegno delle famiglie, prima che del sistema.

Non dovrebbe essere quel sistema, lo Stato, a valutare chi ha di fronte, non dovrebbe proteggermi e tutelarmi, invece di condannarmi al pagamento di sanzioni ingiuste?

"Levata di scudi delle piccole imprese" leggo ogni tanto. Questa volta lo scudo è il mio, pieno di tarli, nato dall'incosciente e ostinata volontà di non morire una seconda volta. Mi preparo a un incontro con il direttore generale dell'Agenzia delle Entrate di Mestre, disegnando uno schema di cartelle esattoriali in corso, di avvisi bonari e scadenze. E rifletto. Nessuno si aspettava una crisi così ampia e lunga, ci ha colto tutti soli e impreparati. È mancato un vero dialogo, tra imprenditori e associazioni di categoria, e con le istituzioni.

Invece di focalizzarsi solo sulla richiesta di diminuire le tasse e favorire l'accesso al credito, si potrebbero, per esempio, chiedere norme a difesa degli imprenditori onesti. Senza sconti, certo. Ma chi non ha pagato i contributi per giusta causa non dovrebbe doversi accollare anche le spese legali per difendersi dall'accusa di appropriazione indebita. Sarebbe almeno un passo avanti, un messaggio di fiducia verso chi oggi guida un'azienda e garantisce posti di lavoro, tra mille difficoltà.

Persa tra questi pensieri, infilo tutti i documenti nella cartellina rossa e parto con Giorgio Boccato per l'incontro all'Agenzia delle Entrate.

L'AGA è da tempo in perdita. Un funzionario mi fa notare che da anni l'utile dell'azienda è irrisorio. Legge i dati e mi osserva come se fossi una delinquente, lo scarafaggio della pubblicità sugli evasori fiscali. Mi rendo conto di quanto i numeri siano importanti.

È vero, l'AGA non ha mai avuto utili da capogiro. Avrei potuto fare la scheda lavoro e imporre un ritmo più pesante, avrei potuto mettere in funzione la catena e aumentare i giri di camminata, sostituire le persone più lente, sfruttare la loro necessità di mantenere il posto, lavorare sotto costo, licenziare. Ma da noi si sta uno accanto all'altra, separati solo dal cemento del pavimento.

Dieci anni fa eravamo giovani e instancabili, il mercato fiorente, la concorrenza meno sfrenata. Abbiamo lavorato, guadagnato, pagato, risparmiato tanto, con qualche fantasma lo ammetto, ma sfido qualunque azienda ad affermare di non avere nessuna pecca nella contabilità.

All'obiezione sulla mancanza di utili, allora, la rabbia sale. Contengo l'emozione e rispondo con i fatti degli ultimi anni. Mi faccio forza, la presenza di Giorgio mi rassicura.

Vedo che il direttore adesso mi ascolta con attenzione e si focalizza sulla querela. Dice che, avendo sporto denuncia, forse è possibile ottenere uno sgravio fiscale sulle sanzioni, con un notevole risparmio. I funzionari lo guardano con scetticismo, io non capisco cosa abbia in mente.

«Signora Antoniazzi, fissi un appuntamento con l'INPS, dobbiamo instaurare un tavolo di discussione con gli enti coinvolti, compresa Equitalia. C'è la massima disponibilità dell'Agenzia delle Entrate».

Vorrei fargli mille domande, invece usciamo e basta, fine di un altro capitolo.

Fuori, riverso tutti i miei dubbi su Giorgio.

«Tu cosa ne pensi?»

«Serenella, cosa vuoi che ti dica? Mi dispiace vederti lottare per passare indenne tra Scilla e Cariddi, non vedi che non hai scampo? Non arriverai da nessuna parte. Non sarai certo tu a cambiare le regole del gioco, verrà il momento in cui ti fermerai per sfinimento e sarai l'unica a pagarne le conseguenze».

È vero, non salverò il mondo, ma ci sono luci che non si possono spegnere, bisogna trovare la forza di guardare in alto e seguire la propria stella. Pensavo che l'incontro all'Agenzia delle Entrate sarebbe stato rapido, invece ho trovato nel direttore generale una persona attenta e disponibile, dedita al lavoro e al suo ruolo. Ho una speranza.

Torno in ufficio, la cicogna con i fiocchi azzurri per la nascita di mio nipote Luca mi sorride. Mi metto al computer e comincio la ricerca della norma che potrebbe salvarmi. Non è così difficile da trovare: la Legge 388/2000, Finanziaria 2001, stabilisce la possibilità di una riduzione delle sanzioni civili nel caso in cui il mancato o ritardato pagamento dei contributi sia dovuto a fatto doloso del terzo.

"Per ottenere il beneficio" leggo, "è necessaria la presentazione all'autorità giudiziaria della denuncia penale entro tre mesi dal giorno in cui se è venuti a conoscenza del fatto doloso. Il procedimento, poi, deve essersi concluso con la condanna del terzo o quantomeno deve essere ancora pendente il giudizio".

Tante parole difficili da comprendere, una fatica sovrumana

per cercare di capire, ma forse è il dato che può fare al caso nostro. Forse c'è un modo per avere giustizia, perché io ho denunciato. Inoltro all'istante una richiesta di appuntamento all'INPS. Sono positiva, convinta che non ci vorrà molto per ottenerlo. Poi, alle quattro, come sempre, preparo il caffè. È il momento per aggiornare le mie ragazze sulla visita all'Agenzia delle Entrate. Non tralascio nulla, ma loro mi colgono alla sprovvista, con una reazione molto diversa da quel che mi aspettavo. Mi accusano di essere troppo debole, di non avere grinta.

«Andando avanti così resteremo ad aspettare anni, nessuno si occupa dei piccoli».

Sanno essere spietate, a volte. Penso che in fondo sarebbe più facile prendere una valigia e mollare tutto. Cosa devo fare più di così?

Loro sono agguerrite, vogliono chiamare i media, *Striscia la notizia*, le *Iene*, non possono credere che non ci sia una soluzione più rapida. Io ho paura che si accendano i riflettori su di noi, illudendoci, per poi dimenticarci l'istante dopo. Troviamo un compromesso: scriveranno una lettera aperta al Ministro del Lavoro, all'INPS e alla CGIL, per spiegare le ragioni della scelta di pagare gli stipendi e non i contributi, in quei mesi del 2012. Sarà solo una provocazione, un sassolino nell'acqua stagnante. Ma sarà qualcosa.

A scrivere e firmare per prima è Sonia: "Io, in rappresentanza di una piccola squadra di operai con i calli sulle mani per il lavoro, parlo in difesa della mia azienda e dei miei titolari, che fino a oggi hanno lottato senza lasciare nulla di intentato".

"Siamo stati messi al corrente di ogni singola azione, resi partecipi di decisioni drammatiche e scelte coraggiose, per questo oggi non possiamo restare in silenzio" prosegue la lettera. "Siamo otto lavoratori, otto famiglie che dipendono da questa entrata mensile. Non vogliamo perdere l'unica certezza economica che abbiamo, perché se i nostri titolari dovessero chiudere, finita la cassa integrazione, non troveremmo più lavoro e ci ridurremmo in miseria".

Le parole di Sonia sono quelle di Ilaria, Samira, Rita, Tiziana, Stefania, Valeriu e Luigi. Sonia ha una figlia di vent'anni e il marito muratore, rimasto senza lavoro con scarse prospettive di reinserimento. Così Ilaria e Samira, la prima con una figlia di sedici anni, la seconda mamma di due bimbi piccoli. Rita è una ragazza madre con un figlio adolescente. Tiziana è sola al mondo, ritrova un po' di famiglia quando è in azienda. Lo stesso vale per Stefania, Valeriu e Luigi.

"Di comune accordo" conclude la lettera, "noi dipendenti abbiamo deciso di rinunciare al conteggio da parte degli enti previdenziali di dieci mesi di contribuzione nel calcolo della pensione, liberando dal debito la nostra azienda".

Roba da lasciare secco un intero sindacato.

Nessuno ha mai risposto.

Intanto io ogni settimana sollecito l'incontro all'INPS, ricevo sempre risposte educate, ma l'appuntamento continua a slittare. Non ne posso più. L'unica cosa che desidero è mettere la parola fine a questa vicenda.

Tre mesi sfibranti di attesa, finché ottengo un appuntamento per il 20 maggio. E arriva il momento. Questa volta ad accompagnarmi ci sono Ildebrando Lava e un consulente del lavoro. Da sola non ce la faccio. Ho appena abbandonato le gocce calmanti, sostituite con minuscole pastiglie che mi danno una sensazione di tranquillità e sicurezza.

So che è l'effetto placebo, ma la valeriana non basta più. Ho paura di non riuscire a sopportare il peso di una nuova sconfitta, di crollare vedendo evaporare l'ennesima speranza.

Dopo tanto aspettare e pensare, ho la mente satura di date, numeri, leggi che non fanno parte di me, non riesco a gestire tutto con lucidità e freddezza. Il quadro che ho davanti agli occhi è nitido, ma non sono in grado di descriverlo con altrettanta chiarezza. Sembra che io non sappia neanche quello che sto dicendo, sembra che non sappia distinguere tra realtà e immaginazione. Invece rivivo ogni attimo e sento una forza che vorrebbe difendermi, farmi dimenticare tutto, per non provare più lo stesso disagio, il dolore che mi ha lacerato. Allora lascio parlare il consulente.

Lo ascolto e non comprendo il senso del suo discorso. Dicono che la lettera dei miei dipendenti è incostituzionale, seppure piena di umanità.

E va bene, lo so già. Ma non siamo qui per questo. Il consulente non fa il minimo cenno allo sgravio delle sanzioni per il mancato versamento dei contributi. Ma che succede? Dentro di me risuona la voce di Alberto: «Come Peter Pan, anch'io ho imparato che per salvarsi, a volte, bisogna aggrapparsi a un pensiero felice e volare via».

«Scusate...» dico con la voce che trema, ma poi si alza, diventa energica: «Non posso tornare a casa con l'ennesima sconfitta. Di cosa stiamo parlando? Ho trovato una legge che mi darebbe il diritto di chiedere l'alleggerimento delle sanzioni. Non è la soluzione dei miei problemi, ma mi aiuterebbe».

Segue un silenzio imbarazzante. Sono una dei tanti contribuenti disastrati, che creano un'onda anomala nella gestione ordinaria delle pratiche, richiedono un impegno maggiore da parte di tutti, compresi gli uffici pubblici. Lì dentro, sono solo le persone che possono fare la differenza. C'è uno sfogliare di carte e alla fine: «Sì, ha ragione, è suo diritto inoltrare la domanda, se la denuncia è stata depositata nei tempi previsti e non è stata archiviata, ritenendola fondata, in attesa di giudizio. Deve compilare i moduli che trova on line sul portale dell'INPS».

Tre mesi per avere questa risposta e un consulente profumatamente pagato che mi accompagna senza nemmeno prepararsi sui documenti e le normative. Ildebrando è indignato quanto me.

«Serenella, ma ti rendi conto? Ti ha trattato come l'ennesima artigiana che si lamenta del sistema marcio e corrotto e si agita, invece di rassegnarsi. Chissà quanti altri imprenditori avrebbero avuto diritto agli sgravi quanto te?»

«Sono d'accordo, Ildebrando» dico, con un filo di voce. Ma l'unica verità, per ora, è che, lungo questa strada tortuosa, di persone ne ho incontrate tante, e alla fine sono sempre rimasta sola.

Il giorno dopo, tutta la documentazione per l'INPS è già pronta. Mi informo subito anche per l'INAIL. Sono fiduciosa, sollevata per questa mia piccola grande vittoria.

Invece passano altri mesi.

Solo in agosto ricevo dall'INAIL la conferma di ricezione, ma nessun responso sull'esito della domanda. Con l'INPS ancora peggio, la situazione è surreale: il portale non risponde. Ho smosso mari e monti, scomodato onorevoli e dirigenti e incredibilmente continuo a lottare, insieme a Luca Trebbi, il mio consulente per le paghe, incredulo anche lui.

«È un problema squisitamente tecnico» dicono. Ma non ci si può rassegnare davanti all'inefficienza, dobbiamo ribellarci.

Siamo bloccati di fronte a uno schermo. Mi rassicurano che prima o poi si riuscirà a fare l'invio in forma telematica. Ma io continuo a segnalare che il meccanismo non funziona.

In ottobre, ormai stremati, riusciamo a far accettare la domanda in forma cartacea. Adesso siamo di nuovo in attesa di sapere come verranno applicati gli sgravi a cui ho diritto. Una piccola illusione e si ferma tutto di nuovo, perché, dicono, non ci sono precedenti: nessun altro, prima di me, ha fatto questa richiesta. La mia fiducia nelle istituzioni non dovrebbe essere premiata?

Non si tratta solo di pagare una rata inferiore, ma anche di riconoscere il coraggio di denunciare un abuso. Invece è tutto fermo perché nessuno sa come fare. E io continuo a pagare le sanzioni per intero.

Un invito inaspettato

Prima di accendere il computer, ogni mattina trattengo il fiato, incrocio le dita, apro la posta elettronica e spero che tra le pubblicità arrivi una commessa, un ordine di materiale da levigare. Oggi, invece, spunta un invito inaspettato.

"Siamo lieti di comunicarLe che, in occasione dell'apertura della nuova Unità centrale, avrà luogo un rinfresco inaugurale venerdì 18 aprile alle ore 19. La Sua presenza ci risulterebbe graditissima. Salutiamo cordialmente, certi di poter contare su una Sua visita".

Faccio un salto sulla sedia. Il cuore inizia a martellare nel petto. Non so se essere felice o avere paura di non reggere quest'altra prova. L'invito arriva da MGM, l'azienda nata sulle ceneri di ANTEA. Mi vengono i brividi solo a pensarci.

Quando l'azienda dei fratelli Masiero era stata messa in liquidazione, ero stata informata dell'importo e delle condizioni di vendita. Essendo parte del comitato di creditori, avevo firmato ogni singola azione proposta dal curatore fallimentare. Avevo dato parere positivo all'acquisto dell'immobile dell'ex ANTEA da parte di MGM. Per noi, creditori privilegiati, non sarebbe rimasto nulla, ma almeno ci sarebbero state nuove assunzioni, famiglie che avrebbero ritrovato dignità con il loro lavoro, liberandosi dalla cassa integrazione.

Eppure tra quelle mura si è consumata la nostra tragedia. L'idea che quel fantasma riprendesse vita era angosciante.

L'aria è carica di umidità, fredda, pesante. Sono tesa. Vorrei che quel momento fosse già passato per non doverlo affrontare. Uno dopo l'altro, riaffiorano i ricordi, mi tormentano. Chiamo Edy, ex capofabbrica di ANTEA, ora assunto in MGM. Gli dico che non ce la faccio, non posso accettare quell'invito. Ma le ragazze insistono, ci devo andare, a testa alta, per dimostrare che nonostante tutto siamo ancora in piedi. Loro però non hanno vissuto l'umiliazione che ho sopportato io, la paura del vuoto, la disperazione per la mancanza di domani.

Non sono mai stata a un'inaugurazione. Cominciare dall'ex ANTEA mi pare assurdo. La decisione finale è di mio fratello. Lui non ha nessuna intenzione di perdere quest'occasione. Ci andiamo insieme. Conosciamo la strada a memoria. Io soprattutto, che percorrevo ogni giorno quei trenta chilometri, che non volevo arrendermi, mentre Alessandro a denti stretti lavorava chiuso in AGA, sempre presente.

«Mi raccomando, rappresentateci degnamente!» Le ragazze ci strizzano l'occhio. Nostro padre ci guarda con orgoglio mentre andiamo via e dice, come se fossimo ancora due ragazzi: «Tornate presto».

Parcheggiamo. Un nuovo nome, un nuovo proprietario. Noi invece, passata la bufera, siamo sempre gli stessi. Il rappresentante di Unindustria loda il coraggio di un imprenditore che ha investito sul territorio e per la gente di qui, sfidando la crisi. Il titolare ringrazia prima di tutto i dipendenti, i collaboratori e non dimentica noi fornitori.

Congiunge le mani e abbassa il capo durante la preghiera del parroco, un gesto sincero, quasi irreale. Non posso dire di conoscere quest'uomo esile, alto, ma lo sento vicino. Scorgo nella sua figura i valori e i motivi che hanno spinto me e Alessandro a non abbandonare l'azienda. Forse non è cambiata solo la facciata, in questo capannone.

Brindisi, taglio del nastro, buffet, la commozione si scioglie in un clima gioioso, di speranza.

«Sono onorato di avervi nella mia squadra. Conosco la vostra lealtà e desidero offrirvi un'opportunità lavorativa con rispetto».

Con queste parole, ci stringe calorosamente la mano, e aggiunge: «Non dev'essere facile per voi essere qui. Avete tutta la mia stima».

Lo guardo senza trovare parole per rispondere. Non mi aspettavo un discorso così, mi avevano bastonato per talmente tanto tempo che una carezza mi coglie completamente impreparata. Una vampata mi infuoca le guance. Parla Alessandro anche per me. Percepisco una vibrazione di incertezza nella sua voce, accenna un sorriso, anche lui è rimasto colpito dall'umanità di quella stretta di mano. La vecchia ANTEA non è più la stessa, adesso ne abbiamo le prove.

Sulla strada verso casa l'unico rumore è la radio a basso volume. Né io né Alessandro riusciamo a parlare, quasi a non voler rompere un incantesimo.

Un'interrogazione parlamentare

Nel capannone, la macchina levigabordi è ferma. Quando il magazzino è silenzioso, distinguo i rumori, registro i passaggi in via Fratelli Cervi. Il postino accelera e frena, a seconda di quanto si ferma capisco se è solo per infilare la posta nella buca o se attende la firma di una raccomandata. Da noi fa una sosta rapida, niente sorprese stamattina, solo pubblicità e volantini con facce sorridenti e promesse elettorali. Presto ci saranno le elezioni europee e le comunali a Concordia.

«Butta gli altri e tieni il mio!» mi grida un ragazzo sorridente, capelli corti, barba incolta da intellettuale, Ray-Ban a goccia e zainetto sulle spalle. Si avvicina in bicicletta. Ha lo stesso volto di quando, bambino, lo vedevo sfrecciare davanti a casa dei miei per andare a scuola.

«Ciao Federico, cosa ci fai qui?»

«La mamma ti aveva promesso che sarei passato di persona a dirti della mia tesi di laurea, così con l'occasione ti spiego anche perché ho deciso di entrare in politica».

Federico si è laureato con 110 e lode in Scienze del Lavoro, la mia storia gli interessa. I suoi mi conoscono e sanno quello che sto passando. Io non ho segreti, gli racconto come ho affrontato la mancanza di liquidità, il riscontro dalle istituzioni pubbliche e il ruolo delle associazioni di categoria.

«Vedi, il punto è che sembra che le mie necessità non siano contemplate dal sistema, non ci sono soluzioni, oppure sono così difficili da attuare che fai prima a gettare la spugna».

Il volto di Federico si è fatto serio. È difficile far capire quanta forza ci voglia per tenere duro ogni volta, credere nell'ennesimo miraggio, per poi scoprire che non è mai finita. I giorni volano, le scritte rosse su fondo bianco si staccano veloci dal calendario appeso al muro. E siamo a maggio.

«Serenella, io non posso aiutarti, però se vieni alla festa del PD ti faccio conoscere l'onorevole Sara Moretto e qualche altra personalità. Magari si riesce a portare all'attenzione la tua vicenda».

Io i politici li avevo già cercati. Avevo chiamato la Camera dei Deputati, a Roma, avevo parlato con le segreterie dei vari partiti, mi ero fatta dare le e-mail e avevo inviato a tutti la documentazione sulla mia storia. Emanuele Prataviera della Lega Nord mi aveva richiamato per primo. Ci conoscevamo ed era sorpreso, non immaginava che le mie osservazioni, che lui aveva sentito altre volte, fossero un vero grido d'aiuto.

Poi avevo conosciuto David Borrelli e Mattia Fantinati del Movimento Cinque Stelle e Magdi Cristiano Allam di Fratelli d'Italia. Avevo letto un articolo a sua firma, in cui accusava Equitalia della moria di partite IVA.

Vengo da una famiglia che è sempre stata di destra. Seguo questa linea più per tradizione che per scelta personale. Così, quando decido di andare all'incontro del PD mi sento a disagio, un'opportunista, una che cambia bandiera a seconda dei propri interessi. Sul palco ci sono Flavio Zanonato e Alessandra Moretti, candidati al Parlamento europeo. Mi dico che nella vita le cose possono cambiare ed è un errore credere che non sia così. Non può farmi male ascoltare anche idee diverse dalle mie.

Si parla di Europa, di globalizzazione, a me suona tutto astratto e lontano. Tra il pubblico respiro la mia stessa perplessità, finché si apre il dibattito e intorno inizia tutto un parlottare e commentare a bassa voce gli interventi, le parole a effetto buttate lì per fare impressione. Stiamo sprecando un'occasione per dire apertamente ciò che pensiamo, ma ho paura di parlare in pubblico. La mia vicina mi sorprende: «Serenella, volevi intervenire? Dai, tocca a te».

Mi ritrovo in piedi davanti a tutti. In una frazione di secondo mi convinco che non posso combattere una battaglia senza espormi, non sono coraggiosa se non dimostro di credere nelle mie azioni e nelle persone che lavorano con me. È tempo di alzare la voce. Inizio incerta, come sempre, poi divento un fiume in piena, con i presenti stretti attorno a me che applaudono. Tra loro si fa largo Alessandra Moretti, mi abbraccia. Provo imbarazzo per lei. È arrivata come una star e cerca di mostrarsi semplice, alla mano. Da Zanonato percepisco lo stesso distacco, eppure lui è stato sindaco, ha avuto modo di dialogare con i cittadini e la sua partecipazione al Governo è mirata a intervenire contro la crisi.

Andando verso il parcheggio, con le gambe molli e il cuore che rischia di scoppiare, mi sento sollevata. Ho superato la vergogna, ho esposto le difficoltà dell'AGA.

L'incontro a tu per tu con Sara Moretto, promesso da Federico, è diverso: lontano dai riflettori, entriamo subito in sintonia. Figlia di imprenditori, capisce al volo il cataclisma che ha stravolto la mia vita lavorativa e personale. Non c'è bisogno di spiegarle i passaggi e gli intoppi, li conosce già. È schietta, non promette favoritismi né scorciatoie: presenterà un'interrogazione parlamentare almeno sul tema della rateazione straordinaria, prevista dal decreto "del fare".

La norma consente di passare da 72 a 120 rate mensili per il pagamento dei debiti con Equitalia. La scoperta di questa possibilità era stata l'ennesimo abbaglio per me, un vantaggio a cui non potevo accedere perché per le imprese è necessario che il rapporto tra la rata e il reddito mensile sia superiore al 10%.

«Facendo un esempio» chiarisce Sara Moretto nell'interrogazione parlamentare, «un'azienda che ha un debito tributario di 72.000 euro e ha ottenuto una rateazione ordinaria con 72 rate mensili pari a circa 1.000 euro, se volesse accedere a una rateazione straordinaria in 120 rate, dovrebbe dimostrare lo stato di difficoltà presentando un fatturato mensile inferiore a 5.000 euro, evidentemente troppo basso». Il punto è che la norma non tiene conto del fatto che i problemi nei pagamenti sono causati non dalla mancanza di ricavi, ma dalla difficoltà a incassare. «Con questi criteri così stringenti» conclude la deputata «si rischia di vanificare una misura che era stata accolta positivamente. L'obiettivo deve rimanere quello di dare ossigeno alle piccole e medie imprese che vivono un periodo di difficoltà, consentendo di saldare i debiti in un lasso di tempo più lungo».

Ora, perché l'iniziativa della Moretto abbia maggiore risonanza, secondo me dovrebbero sostenerla anche gli altri partiti. Questa non è una questione di colore politico, ma una richiesta per migliorare uno strumento che aiuterebbe in concreto noi imprenditori. Quante Serenelle ci sono in Italia? Quante aziende in difficoltà potrebbero trarne beneficio?

Pedalata dopo pedalata

La mia fuga è lungo l'argine del Tagliamento, pedalata dopo pedalata, su una strada che corre stretta tra l'erba alta, senza nessuno in giro. Una brezza leggera fa danzare i pioppi. Le foglie si illuminano come tanti piccoli specchi d'argento alla luce del sole. Il fruscio culla i miei pensieri. Bevo un sorso d'acqua, controllo il cellulare, lascio la bici e cerco a piedi un punto per vedere il fiume, ma resta nascosto tra mais e pioppeti.

Il viburnum è verde, i fiori bianchi sono caduti con l'inizio dell'estate. Eppure mi sembra ancora di sentirne il profumo nelle narici, un salto nel passato. Ricordo la casa dei nonni in Brussa, quell'esile arbusto di viburnum che delimitava l'ingresso nell'orto, la gioia di noi bambini, le corse, i sassolini sotto i piedi. L'ardore che mi riscalda il cuore viene da qui, dal mio passato, dagli insegnamenti di mia madre, i suoi gesti quotidiani. Amo la mia terra. Rispetto il mio Paese.

Un picchiettio ritmato attira la mia attenzione verso una riga di acacie. A metà di un tronco vedo un uccellino che scava il legno con il becco, facendo cadere a terra un filo di polvere quasi impercettibile, se non fosse per il sole che la fa brillare. È la prima volta che ammiro un picchio in azione, resto affascinata dalla potenza di quel piccolo falegname.

Ha piovuto molto quest'estate, il mais è rigoglioso, si erge come una barriera verde ai lati della pista ciclabile. Le spighe della gramigna ondeggiano ai margini dell'asfalto, qua e là spuntano ciuffi di camomilla selvatica, spighe viola fiorite si intrecciano con campanelle bianche. Le nocciole sono sparse sul terreno ghiaioso di un capannone recente e già abbandonato. Un gabbiano solitario vola sulla campagna, si lascia trasportare dal vento.

Adesso è solo silenzio. Il sole mi scalda la pelle, le braccia, le ginocchia, mi fa lacrimare, non sono più abituata a stare all'aria aperta. Mi colpisce uno sbuffo d'aria fresca, rabbrividisco.

Pedalo e scricchiolo come una vecchia bambola. Servirebbe un'ampollina d'olio per lubrificare le giunture.

Anche la bicicletta ha subito una mutazione da quando la usa Alberto, il manubrio tende a destra, il cestino ha assunto una forma indefinita, il carter batte da qualche parte, la dinamo frena la ruota, il campanello suona da solo. Non ho il respiro affannato, ma il battito del cuore aumenta, è meglio rallentare. A tratti lascio riposare le gambe mentre la bici avanza da sola, poi riprendo la pedalata.

Sto cercando di fare così, frenare un attimo prima di impazzire. Se penso a tutte le cose che mi sono successe in questi mesi, mi scoppia la testa. Almeno avessi perso qualche chilo. Sembro sempre bella fresca, con i rotolini sui fianchi, robusta, le braccia forti da muratore, il ritratto della felicità. Il racconto della tragedia che ha colpito l'AGA e la mia famiglia sbiadisce a uno sguardo superficiale, di fronte alla mia immagine piena di salute. Sfugge il logorio interiore che tutto questo ha provocato dentro di me.

È il 13 agosto, primo giorno di ferie. Niente auto, niente banca, niente uffici. Sono stanca anche per sistemare la casa e, per la prima volta in ventidue anni di matrimonio, decido che farò lo stretto necessario.

Tra un acquazzone e l'altro, riusciamo a trascorrere qualche ora al mare, in Brussa: ombrellone, sdraio, felpa, calzini e costume, casomai arrivi un po' di caldo. A riva è pieno di legnetti, perfetti per innalzare le mura di cinta dei castelli di sabbia e conchiglie. Loris nuota verso l'orizzonte. Insieme abbiamo costruito una casa che non è fatta solo di mattoni, è un rifugio dove ripararci nei momenti più duri, un posto in cui sognare e progettare. Ho rischiato di perdere tutto e ora capisco chi implora giustizia, chi pretende chiarezza, non per dimenticare il dolore, ma per avere un motivo valido per andare avanti.

È il primo anno che veniamo al mare senza Alberto, il primo anno in cui mi rendo conto di come sia volato il tempo.

Quest'estate, a diciott'anni, mio figlio fa la sua prima esperienza lavorativa. Sto imparando a lasciarlo andare ma è dura, non smetto di camminare due passi dietro di lui. Ci sono alcune mattine in cui ritardo l'uscita di casa per seguire la corriera che lo porta a scuola, da San Michele a Fossalta, fino al semaforo in cui svolto e lui prosegue per Portogruaro.

L'abbraccio ghiacciato di Loris mi riporta sulla spiaggia. Sto per brontolare, lui lo sa e mi chiude subito la bocca con un bacio salato e la barba che punge. Stappa una birra fresca e mi si siede vicino, a guardare il mare fino a sera.

Guardarsi in faccia

L'estate quest'anno non sembra neppure arrivata ed è già ora di rimettersi al lavoro.

Ho bisogno di qualcosa di bello, che mi dia energia, che renda meno amare le delusioni, la fatica, questa lotta continua contro i mulini a vento. Qualcosa di stabile, che non abbia la durata di un istante. "Il Regno di Dio è nel cuore dell'uomo" è scritto nel Vangelo di San Luca. Ecco, forse dobbiamo imparare ad ascoltarci, per ritrovare un senso. Un'etica morale e umana, prima che economica, sottolinea don Livio nel giornale della parrocchia, ma sono parole che rimangono sulla carta. Non mi aiutano.

«Fermati, Serenella! Sei sempre di corsa, non mi saluti nemmeno?» Mi volto, sono passata davanti a don Livio senza neppure vederlo, che vergogna. Mi scuso e torno indietro, verso la canonica. È vero, sono sempre di fretta, specie d'estate: cerco di non farmi notare, soprattutto se non riesco a cambiarmi gli abiti del lavoro e devo tenermi addosso i vestiti pieni di polvere.

«Come va? State lavorando? Hai notizie?» chiede, e mi racconta di un fatto terribile. Alcuni creditori si sono presentati a casa di un artigiano morto da poco, chiedendo i soldi alla moglie in modo impietoso, indegno, prepotente. Lo ricattavano da vivo, lo massacrano da morto.

«È per questo, don, che ha scritto quell'articolo sull'etica imprenditoriale?» gli domando.

Le campane suonano mezzogiorno.

«Sì. Vedi, secondo me il vostro problema è che non siete uniti fra di voi».

Già in primavera don Livio aveva buttato lì la proposta di un incontro all'AGA. Mi piaceva l'idea di unirci, di pregare, di credere in un mondo migliore in cui si possa lavorare, dare un futuro ai nostri figli e riposo ai nostri genitori. Il primo passo è conoscersi, riscoprire che c'è gioia nel fare felici le persone che ci stanno accanto, chiunque esse siano.

Così, piena di entusiasmo, avevo inviato una e-mail per proporre un incontro di preghiera nella zona industriale, ma aveva risposto solo Vito Corbetta, il carrozziere a cento metri da noi. Lui è sempre disponibile quando c'è da fare qualcosa, è una di quelle persone attive nella comunità, coinvolto in mille iniziative, uno che se può ti dà una mano.

«Ha ragione, don, mi dispiace, è che ho paura che non interessi a nessuno...»

«Senti, io vengo anche solo per te e Vito».

In via Fratelli Cervi, oltre all'AGA, ci sono più di venti aziende e non sappiamo neanche i nomi di chi ci lavora. Mi assale un pensiero triste: se dovessimo chiudere domani, di noi non resterebbe neppure il ricordo, dietro la facciata dell'ennesimo capannone con la scritta "vendesi".

Niente e-mail questa volta, esco dall'AGA e vado a piedi a suonare a tutti i campanelli della via. Scopro con meraviglia che alcuni sono in attesa di sapere quando si farà quell'incontro di preghiera che avevo proposto, c'è il desiderio di scambiare due parole, sentirsi avvolti da un po' di solidarietà. La tecnologia non basta, bisogna guardarsi in faccia per capire quanto hai in comune con chi sta a due passi da te, chiuso dentro a un altro capannone, con la stessa solitudine.

Decido di coinvolgere anche i residenti di via Fratelli Cervi, loro che per anni hanno sopportato senza fiatare il viavai dei camion, i motori, le sirene di allarme a tutte le ore, e oggi, nel silenzio, hanno nostalgia di quei tempi frenetici.

È fatta, fissiamo la data: venerdì 26 settembre. Do il via a un flusso di fax e e-mail. Ci sarà la preghiera, ma anche un rinfresco, per darci il modo di parlare, tra un salatino e un calice di prosecco. Ci mettiamo al lavoro per sistemare al meglio il capannone, liberarlo dalla polvere. Lo vesto a festa con sacchi di iuta, vasetti di conserva, candele profumate, piccole lanterne che riscaldano l'atmosfera, danno luce e speranza. Svuotiamo il magazzino, sistemiamo i tavoli concessi in prestito dagli altri artigiani, ci attrezziamo con tovaglie di carta, piattini e bicchieri, ognuno porta qualcosa da condividere.

Arrivano oltre cento persone: titolari delle aziende di via Fratelli Cervi, dipendenti, familiari, residenti e altri imprenditori di Concordia, incuriositi dal passaparola. La diffidenza di alcuni si scioglie, si trasforma in riservata partecipazione, poi in entusiasmo. Il buonumore è contagioso. Si parla, si discute, si sorride, si alzano i calici per dare il benvenuto a ogni nuovo arrivato.

Le preoccupazioni quotidiane sembrano più lievi, quando le condividi.

Fuori, i lampioni e i cancelli di via Fratelli Cervi sono decorati con coccarde tricolori che abbiamo confezionato a mano. C'è anche il sindaco di Concordia, ci incoraggia a tenere duro.

È il crepuscolo quando don Livio inizia la preghiera, le sue parole riecheggiano nel capannone come vibrazioni della mente, risvegliano lo spirito. Ci raccogliamo in cerchio, le mani giunte. Le fiamme delle candele nei vasetti di vetro si elevano sicure verso il soffitto. Noto lo sguardo fiero degli anziani, il capo chino e l'insicurezza dei più giovani, lo scambio di occhiate tra chi si conosce già. Vedo la soddisfazione di don Livio.

È un nuovo inizio, ci salutiamo con una stretta di mano che è una promessa. Le case, le strade, gli oggetti restano, le persone no, non possiamo permetterci di ricordarci di loro solo quando non ci sono più, per il vuoto che lasciano.

A pochi metri di distanza dal nostro capannone, mia cugina Monia e le sue sorelle portano avanti quel pezzo di AGA che se n'è andato tanti anni fa, quando mio padre e suo fratello si sono divisi. Le nostre esistenze si sono allontanate, hanno corso parallele, come capita spesso. Ma ora, grazie a quest'incontro, si intrecciano di nuovo, riportando a galla il legame indissolubile che ci univa da piccole, come se il tempo non fosse trascorso.

Entrambe sentiamo che non possiamo perderci di nuovo.

Qualche giorno dopo, le coccarde tricolori sono ancora qui fuori. Quando esco a ritirare la posta, non do più la schiena alla strada, mi guardo intorno, saluto chi passa. Abbino i volti ai numeri civici di via Fratelli Cervi.

Mia cugina Monia non lascia passare il tempo e mi propone di darle una mano per un progetto che segue con Vito Corbetta a Sindacale, una frazione di Concordia. Non posso rifiutare la sua mano tesa. Insieme, creiamo un ponte con via Fratelli Cervi e con il nostro passato. La domenica pomeriggio, quando la squadra di Sindacale gioca in casa, la comunità si ritrova nel campo da calcio, grandi e piccoli, tutti a fare il tifo per i loro giovani eroi, che adesso vanno alla grande in campionato. Monia e Vito vorrebbero rendere il campo più confortevole installando una piccola tribuna, e inoltre serve un defibrillatore. Dato che le casse comunali sono vuote, non si arrendono e lanciano una raccolta fondi, prendono un negozio sfitto in centro a Concordia per far conoscere l'iniziativa. Qui entro in gioco io, con la mia creatività.

Battezziamo il progetto: "Noi ci mettiamo il cuore... e tu?". Ci troviamo una sera di novembre, con le macchine cariche di oggetti e materiale riciclato, niente finanze, solo fantasia per decorare la vetrina. Tengo ferma la scala e passo le puntine a Monia, mentre penso alle nostre avventure di bambine, alla sua treccia, al mio castigo. E a tutto quello che ci è capitato dopo. Restiamo in silenzio, dalla cattedrale arriva un canto religioso, è la messa per la Madonna della Salute, una ricorrenza speciale, si svolge ogni dieci anni. Ascoltiamo le voci che si alzano al cielo in un unico coro. La preghiera è universale, il pensiero che racchiude appartiene a ciascuno di noi.

La raccolta fondi ha successo. Presto nel campo sportivo di Sindacale verrà installata la tribuna e il defibrillatore è già in funzione.

Da queste piccole conquiste mi accorgo che, nonostante tutto, non riesco a smettere di sperare.

Un piccolo lusso

Sonia mi confessa che uno dei momenti più tristi della sua vita è stato il 23 dicembre 2012, quando in AGA non c'era neanche una fetta di panettone per festeggiare il Natale e alcuni operai mangiavano alla mensa dei poveri. Sembra passato un secolo, siamo i superstiti di un cataclisma. Stremati, non ci siamo mai riposati e adesso ci concediamo il lusso di assumere un lavoratore interinale, per la prima volta da due anni. Niente illusioni, dà solo un po' di sollievo, per una settimana.

Alessandro e i ragazzi sono sfiniti, dopo giornate pesanti fra i vibratori e la levigabordi. Per sopravvivere, puntiamo sul lavoro manuale, di qualità, le nostre braccia diventano macchine, le dita pistoni. Oggi la difficoltà è stare al passo con i tempi, programmare a lungo termine non è più possibile, gli ordini arrivano all'ultimo e se i lavori si accavallano non puoi permetterti di perderli, né di abbassare la qualità. Bisogna spingere, incitare, lodare gli operai. Alla fine la squadra fa sempre miracoli, ma a quale prezzo? A volte tocca lavorare durante le ferie, nei ponti, tra Natale e Capodanno. Il mercato non concede riposo, pretende tutto e subito. Se non ce la fai, è un problema tuo.

La presenza di Gianni è un toccasana. Il suo entusiasmo riempie il cuore. Si adatta a qualsiasi mansione, ha esperienza. È un uomo di oltre cinquant'anni, in mobilità da tempo, senza prospettive di riassunzione. La crisi lo ha privato di un motivo valido per alzarsi la mattina e ora vive come un soprammobile, nell'attesa che l'agenzia interinale gli procuri qualche giorno di occupazione.

«Non sai che felicità, Serenella, a fine giornata, sentirmi stanco e sporco».

Gianni mi fa capire che un uomo cresciuto guadagnandosi il pane non vuole sussidi né assistenza, desidera solo dimostrare di essere ancora attivo, con tanto da dare. La dignità non si può comprare, si guadagna con le proprie forze, conservando l'indipendenza. Un padre di famiglia che non riesce a provvedere ai propri figli si distrugge per la vergogna.

Qui non si tratta di padroni e operai, ma di persone come Gianni, che non smettono di sperare. Fino all'ultimo mi chiede se la prossima settimana ci sarà ancora da fare per lui. Il lavoro è fatica, fantasia, passione, impegno, il lavoro è libertà. Devo rispondergli di no, ce la faremo da soli. Mi piange il cuore a vederlo andare via, con la schiena dritta e gli occhi tristi.

Il calendario dell'Avvento ha già qualche finestrella aperta. La luce in cucina è ovattata, ci vuole qualche minuto prima che la lampadina a risparmio energetico si scaldi. Il profumo di caffè precede il brontolio della moka. Fuori è notte. Il sabato, se lavoriamo, cominciamo prestissimo, per finire quando gli altri si svegliano.

Loris e Alberto dormono. Nel silenzio della casa risuonano le parole scritte dal curatore fallimentare di Legnomobil, poche righe fredde e sintetiche, con cui annuncia che le sue speranze di far pervenire qualche euro ai pochi creditori privilegiati, come l'AGA, sono ormai sfumate. Non ci verrà riconosciuto nulla, il nostro lavoro è stato venduto, incassato e mai saldato. Di persona, il curatore fallimentare di ANTEA aveva affermato lo stesso. Legnomobil e ANTEA erano due aziende vuote, matrioske che si aprivano una dopo l'altra, senza niente all'interno, con soldi virtuali che volteggiavano fra i numerosi documenti di un fallimento, numeri e calcoli esposti nero su bianco e nulla per i creditori.

Perché tutto questo sia accaduto, ormai non ha più importanza. Ciò che conta è che io sono qui, una formichina che alza la voce, che non sempre segue i consulenti più fidati, che non si arrende alla lentezza e all'indifferenza del sistema, che alla fine si fa ascoltare anche da chi è scettico. Un imprenditore si misura non solo dal fatturato, ma dal valore che dà alle persone. I dipendenti non sono un costo, ma la nostra vera ricchezza.

Sono sulla strada verso l'AGA, con la radio accesa come sempre. Cerco di salvarmi da debiti senza fine, per non dirmi fallita senza aver tentato di rialzarmi. Nessuno garantisce il mio credito, in tanti pretendono l'impossibile. La paura a tratti mi travolge, mi domando se resisterò. Devo farcela, almeno per pagare i fornitori che hanno creduto nella nostra onestà, ci sono stati accanto in questi ultimi due anni. Non posso tradire la loro fiducia, che non fa chiasso né notizia, ma ti permette di respirare. C'è ancora qualche fattura del 2012 da saldare, ma da marzo 2013 pago regolarmente, tiriamo tutti il fiato.

Piove, le gocce mi cadono frizzanti sul viso, l'aria pizzica il naso. In via Fratelli Cervi siamo i primi ad accendere le luci. Fra qualche secondo partiranno gli aspiratori, Stefania conserverà per poco il trucco sul viso e Ilaria, aspettando il caffè, mi ricorderà ancora una volta che se siamo qui di sabato mattina è tutta colpa mia.

Sono così testarda.

A che punto siamo

Al 31 gennaio 2015, la domanda di sgravio sulle sanzioni per i mancati contributi all'INPS finalmente è stata accolta, ma l'ammontare non è ancora stato calcolato. Hanno riconosciuto la giusta causa, ma non la grave difficoltà del contribuente.

Nemmeno l'INAIL ha reso noto come applicare lo stesso sgravio sulle sanzioni.

Nessuno ha ancora risposto all'interrogazione parlamentare dell'onorevole Sara Moretto sull'impossibilità di molti piccoli imprenditori di accedere alla rateazione straordinaria per pagare i debiti con Equitalia.

La nostra denuncia contro ANTEA e Legnomobil non è stata archiviata, nei prossimi mesi inizierà il processo.

Nota dell'autrice

Il libro della vita non dovrebbe finire mai. È uno scrigno che piano piano si riempie di tesori, con le gioie dell'infanzia, le scoperte dell'adolescenza, le scelte dell'età adulta e, un giorno, l'esperienza della vecchiaia. Riviviamo i ricordi più dolorosi, quelli che hanno lasciato cicatrici inguaribili, e gli incredibili momenti in cui la felicità ha invaso il nostro cuore.

Senza Elisa Cozzarini, a cui sarò sempre grata, non potrei rileggere le pagine del mio libro.

Non sono vecchia, ho una vita davanti, se il Signore mi concederà la salute, ma ho giocato le mie carte, ora devo cercare di mantenere quello che ho e non perdere di vista ciò che voglio restare.

Vittorio Anastasia e Lorenza Stroppa della casa editrice Nuova Dimensione mi hanno dimostrato che credere in un progetto, investendo impegno e fatica, ripaga nel tempo. Chi pubblica la voce di altri diventa parte di loro.

Il mio pensiero felice è di essere mamma. Gli ultimi due anni sono stati molto duri, hanno messo a rischio la nostra armonia familiare, in alcuni momenti ci hanno allontanato l'uno dall'altra, hanno stravolto le tante certezze che avevamo costruito. Poi l'amore per un figlio ha fermato il tempo, riavvolto il nastro e fatto ripartire anche la storia mia e di Loris.

Caro Loris, quello che eravamo l'una per l'altro lo siamo ancora, ridiamo delle piccole cose, superiamo le vette più alte.

Alberto, tesoro mio, per te io ci sarò sempre. Ora che sei

grande, mi sforzerò di restare un passo indietro, ma quando vorrai bussa e ci sarò. È la stessa promessa che ci ha fatto mio papà, con i telefoni rossi.

Un pensiero va a Luciano, che mi ha spinto a lottare e chiedere giustizia, e mi ha insegnato tanto. Mi ha aiutata a rialzarmi, anche se adesso vado avanti da sola.

E non dimentico Franco, che ha voluto donarmi una somma di denaro considerevole, senza volere nulla in cambio. Mi ha fatto scoprire quanta forza possiamo trovare dentro di noi, quanto coraggio infonde la fiducia di una persona che non conosci. Una mano che ti aiuta a rialzarti e riprendere il cammino ti riempie il cuore, con il desiderio di fare altrettanto.

Un grazie anche a Mauro, Isabella, Saschia e Mauro, con cui a volte torniamo ragazzi, e a Giorgio Boccato, don Livio Corazza, Ildebrando Lava, Marina Marangon, Franco Moras, Claudia Murador, Nazzareno Ortoncelli, Loris Pancino, Ivan Pavan, Luca Trebbi, Elena Spironello, Giancarlo Zecchin e ai fornitori che ci stanno accanto: Solvepi S.p.a., Bottosso e Frighetto S.r.l., Nastroflex S.r.l., Martin Abrasivi S.r.l.

Siamo un piccolo anello di una grande catena, il coraggio, l'onestà e l'impegno della maggior parte degli imprenditori italiani, come Atlantis S.r.l., Idelpaint S.r.l., Friulver S.r.l., Levigatura San Marco S.n.c., Fab S.r.l., Luxor di Moretto Daniele, Asia S.r.l., Plana S.r.l., LAPM S.r.l., fanno grande questo Paese.

Serenella Antoniazzi

Intervista a Roberto Fontana

Un sistema malato e le misure d'allerta che mancano

a cura di Elisa Cozzarini

Storie come quella di Serenella Antoniazzi non sono un'eccezione in Italia. Accadono anzi molto spesso, a tutti i livelli e in ogni settore produttivo. E la colpa non è solo della crisi, ma anche di un sistema che nel suo complesso favorisce la soluzione del fallimento o del concordato quando ormai è troppo tardi per poter tutelare i creditori, cioè le imprese, il fisco, in alcuni casi anche i singoli cittadini. Le banche sono gli unici soggetti che possono contare su alcune garanzie di pagamento.

Perché si arriva a questo punto? E cosa si potrebbe fare per evitare che i debiti di un'azienda ricadano quasi interamente sui creditori?

Ne abbiamo parlato con Roberto Fontana, attualmente sostituto procuratore di Piacenza, dopo essere stato per diciassette anni giudice del Tribunale fallimentare prima di Monza, poi di Milano. Fontana si è occupato, tra gli altri, dei crac di Ligresti, Viaggi del Ventaglio, Mariella Burani, del San Raffaele.

Dottor Fontana, come mai nel nostro Paese le crisi delle imprese vengono a galla tardi, quasi all'improvviso, quando ormai il valore economico è già dissipato e a beneficio dei creditori resta poco o nulla?

In Italia le società arrivano al fallimento, ma anche alla procedura alternativa del concordato preventivo, normalmente tre o quattro anni dopo rispetto a quando si trovavano già in una situazione di grave crisi. Parlo di società perché sono poche le imprese individuali che superano la soglia dimensionale di fallibilità.

Eppure, se si guardano i bilanci di esercizio, nella grande maggioranza dei casi quelle stesse società, ancora pochi mesi prima, presentavano il bilancio di un'impresa sana o comunque non certamente in stato di dissesto, ma tutt'al più con qualche difficoltà. È evidente che nella gran parte dei casi questo significa che i bilanci degli ultimi anni erano falsi e che la condizione di dissesto era stata mascherata, avendo in realtà la società già da molto tempo perso il capitale, il che si verifica in sostanza quando le passività superano le attività.

La conseguenza è che in oltre il 90% dei fallimenti i normali creditori, cioè quelli che la legge chiama chirografari, ma anche buona parte dei creditori privilegiati, come per esempio gli artigiani, non riceveranno nulla dalla procedura. Lo stesso accade anche nei concordati preventivi: normalmente è offerta ai creditori chirografari una percentuale di pagamento tra il 5 e il 20% che però, statistiche alla mano, in almeno due terzi dei casi si azzera del tutto o si riduce a qualche punto percentuale in fase di esecuzione.

Se i bilanci non fossero falsi e le imprese accedessero al concordato o fallissero entro qualche mese dal verificarsi della situazione di dissesto e dalla presa d'atto che non esistono le condizioni per un'adeguata ricapitalizzazione da parte dei soci, la situazione per i creditori sarebbe completamente diversa. Anche se è inevitabile una parziale svalutazione dell'attivo e va considerato che la diversità di struttura economica dell'impresa può incidere molto sui valori di realizzo, si prospetterebbe per lo più il pagamento integrale dei creditori privilegiati e il pagamento dei creditori chirografari in una misura ragionevolmente superiore al 50%.

Qual è la responsabilità degli imprenditori di fronte al dissesto della propria attività?

Il differimento nel tempo dell'emersione del dissesto mascherando le perdite è praticamente la regola, anche se non manca qualche eccezione positiva. Questo dato accomuna però fenomeni diversi, che vanno tenuti distinti sotto il profilo della valutazione delle responsabilità.

Vi è anzitutto il caso dell'imprenditore che, colpito dalla crisi, anziché adottare tempestivamente tutte le misure necessarie in termini di ricapitalizzazione e risanamento o, in alternativa, fermarsi subito accedendo senza ritardo alle procedure giudiziali di composizione della crisi come per esempio il concordato preventivo (che in quel momento probabilmente consentirebbe di salvare almeno in parte l'azienda e comunque di soddisfare in misura ragionevole i creditori), sceglie di provare a procrastinare il tutto, occultando le perdite, cercando di finanziarsi non pagando imposte e contributi, nella convinzione, quasi sempre priva di qualunque fondamento razionale, che il tempo possa giocare a suo favore. Così facendo, il quadro economico via via peggiora, si compromette molto spesso la stessa possibilità di tenere in vita l'azienda e comunque si aggrava il dissesto, pregiudicando ogni possibilità di soddisfacimento per i fornitori. Sul piano penale questa è l'ipotesi della bancarotta semplice.

Il verificarsi di queste situazioni è facilitato dal fatto che gran parte delle società sono sottocapitalizzate, nel senso che, con un capitale pari o poco superiore al minimo legale, sviluppano volumi d'affari del tutto sproporzionati, assumendo dimensioni anche di notevole rilevanza, con conseguente altissima probabilità che alle prime difficoltà economiche, anche per inadempienze altrui, il patrimonio netto diventi subito negativo. È sui creditori che si scarica il rischio dell'incapienza, normalmente occultata per parecchio tempo appunto falsando i bilanci di esercizio.

Una società sana di norma dovrebbe presentare passività non superiori ai due terzi o tutt'al più, in qualche settore, ai quattro quinti del valore delle attività. Ci troviamo invece di fronte a società dai cui bilanci risulta che le passività superano il 90, 95% delle attività. Questa sottocapitalizzazione è spesso compensata da un sistema di garanzie esterne all'impresa, come fideiussioni o ipoteche rilasciate dai soci o dalla società, in cui sono stati conferiti gli immobili strumentali perché non possano essere aggrediti dalla generalità dei creditori. Di queste garanzie, però, normalmente beneficiano solo i creditori bancari, mentre fornitori e fisco devono fare affidamento solo sul modesto patrimonio della società debitrice, rappresentato dai beni strumentali che non siano oggetto di contratti di leasing, dalle merci non ancora vendute e da un po' di crediti spesso non ancora incassati perché di difficile riscossione.

Il fenomeno dell'aggravamento del dissesto è favorito dall'atteggiamento degli istituti di credito. Questi, pur intercettando tempestivamente il dissesto attraverso le risultanze della centrale rischi creata dal sistema bancario e il monitoraggio costante dei flussi finanziari dell'impresa tramite il meccanismo delle anticipazioni sulle fatture, anziché spingere la società ad adottare le misure necessarie per salvaguardare il patrimonio nell'interesse di tutti i creditori, preferiscono premere per la concessione di garanzie esterne a loro favore o per la ristrutturazione dei debiti esistenti. Spesso i crediti chirografari si trasformano così in crediti ipotecari o comunque garantiti, il che pone la banca in gran parte al riparo dalle conseguenze del futuro fallimento, concedendo in cambio liquidità che risulta nel breve tempo ingannevole per gli altri creditori.

Vi è invece chi, incappando in una situazione di crisi, non si limita ad aggravare il dissesto proseguendo l'attività senza adottare alcuna misura, ma pianifica di affondare la società in un certo arco temporale, trasferendo di fatto le attività in capo a un'altra società neocostituita e lasciando i debiti nell'originaria società, nel frattempo svuotata di gran parte o di tutto il suo valore patrimoniale. Nella prospettiva dello svuotamento, i debiti sono fortemente incrementati a danno soprattutto dei fornitori, dell'erario, in particolare i debiti per IVA, e degli enti previdenziali.

Spesso viene cambiato l'amministratore della società destinata al fallimento con la nomina di una cosiddetta "testa di legno" e si cerca di utilizzare l'istituto del concordato preventivo per coprire con una pietra tombale le condotte fraudolente poste in essere a danno dei creditori. Si ottiene poi a tavolino il consenso di alcuni creditori più grandi, che risultano sostanzialmente indifferenti alle reali prospettive del concordato perché sono beneficiari di garanzie concesse dai soci o da altre società o perché hanno già trovato un accordo con la nuova società attraverso cui la stessa compagine continua a operare.

Talvolta, dopo anni di aggravamento del dissesto, si utilizza il concordato non per coprire l'avvenuto trasferimento di fatto delle attività in capo a un nuovo soggetto, ma per trasferire di diritto l'azienda senza debiti nella nuova società che fa capo nei fatti sempre alle stesse persone fisiche. Nonostante il dissesto, si vuole evitare che quell'azienda possa essere contesa attraverso una gara da altri imprenditori.

Infine vi sono le società che fin dall'inizio sono costituite per operare per qualche anno senza pagare il fisco e gli enti previdenziali e da un certo momento in poi neppure i fornitori, con programmazione dall'origine del fallimento.

Queste sono tutte patologie gravi ma molto diffuse.

Le conseguenze in termini di mancato soddisfacimento dei propri crediti le pagano soprattutto i fornitori e l'erario, ossia la collettività nazionale e locale.

Ma in realtà tutti e tre i fenomeni descritti portano un grave danno all'intero sistema economico perché, consentendo a delle imprese di operare per anni senza pagare determinati costi di esercizio, si altera profondamente il sistema della concorrenza e spesso si buttano fuori dal mercato imprese sane che operano correttamente.

Come mai è sempre più diffuso il ricorso al concordato, anche quando ci si trova in realtà di fronte a situazioni tipiche del fallimento?

Ho già sottolineato che, anziché utilizzare l'istituto del concordato preventivo per salvaguardare la continuità aziendale o comunque un miglior soddisfacimento dei creditori non appena si verifica lo stato di crisi o di dissesto, in buona parte dei casi si preferisce usarlo con qualche anno di ritardo come possibile pietra tombale per coprire gravi violazioni delle regole e spesso anche di vere e proprie condotte fraudolente in danno dei creditori.

L'intento è essenzialmente quello di evitare azioni di responsabilità nei confronti degli amministratori ed eventualmente dei sindaci e di ridurre al minimo il rischio penale, posto che nel concordato preventivo non è prevista, a differenza che nel fallimento, una relazione sui fatti penalmente rilevanti. Nella pratica, senza un adeguato flusso informativo, il potere d'intervento delle Procure della Repubblica rimane quasi sempre sulla carta.

Tutto questo accade perché, con la riforma della legge fallimentare del 2006 si sono allargate troppo le maglie del concordato e si è svilito in maniera eccessiva il peso dei normali creditori. Oggi è possibile offrire loro percentuali di soddisfacimento ridicole, nell'ordine di qualche punto percentuale, senza alcuna certezza neppure per queste somme. Si può fare approvare la proposta da due o tre creditori che da soli, o insieme a quella percentuale di creditori che per stanchezza non vota mai (è stata introdotta la regola del silenzio assenso), arrivano al 51% del totale dei crediti. In buona parte dei casi, tra l'altro, i pochi grandi creditori come gli istituti di credito sono indifferenti all'esito del concordato perché quello che non ricevono da una parte lo ricevono da un'altra. Si è prevista la sola maggioranza di capitali senza stabilire un meccanismo di sterilizzazione del voto neppure quando il credito è assistito da garanzie concesse da terzi, per cui per esempio la banca garantita da un'ipoteca su un immobile dei soci o di un'altra società vota esattamente come il fornitore privo di qualunque garanzia.

Quando si arriva alla votazione, quindi, i giochi sono già fatti e i fornitori e il fisco non contano nulla, posto che l'accordo con le banche o magari con qualche fornitore cosiddetto strategico normalmente sia già stato ottenuto, con le opportune concessioni, prima che venisse presentata la proposta.

Fino al 2006 la normativa sul concordato prevedeva, oltre al requisito della meritevolezza e della regolare tenuta delle scritture contabili, che dovesse essere proposto il pagamento integrale dei creditori privilegiati e nella misura di almeno il 40% dei creditori chirografari e che il concordato fosse approvato con una maggioranza di teste oltre che di capitale, per cui anche i piccoli e medi fornitori avevano un qualche peso. Questo allargamento estremo delle maglie e radicale indebolimento della posizione dei piccoli e medi creditori è stato giustificato come sacrificio per favorire la continuità aziendale, ma la verità, a nove anni di distanza dalla riforma, è che la grande parte dei concordati è stata meramente liquidatoria, non essendovi più alcuna azienda in vita. Nei casi in cui vi era un'azienda, infatti, non si è praticamente mai utilizzato il concordato per risanare l'impresa e assicurarne la continuità, ma si è trasferita l'azienda rimasta ad altro soggetto. Si è preferita la soluzione bloccata, ossia quella del trasferimento a soggetto predeterminato, dietro il quale normalmente stanno la stessa compagine sociale o soggetti a questa strettamente collegati, senza dare la possibilità ad altri imprenditori di gareggiare offrendo ai creditori un prezzo maggiore.

Quando, come nel caso del concordato preventivo dell'ospedale San Raffaele di Milano, il tribunale ha nei fatti imposto la gara si è realizzato un prezzo quasi doppio rispetto a quello previsto nella proposta di concordato. Si è passati da 250 milioni di euro, previsto come prezzo da versare, oltre all'accollo dei mutui ipotecari, per il trasferimento dell'azienda al soggetto preindividuato con soluzione bloccata nel piano concordatario, a 405 milioni di euro oltre ovviamente all'accollo dei mutui, per cui i creditori chirografari possono essere soddisfatti nella misura di oltre il 70%.

Ci spiega come è possibile che aziende con bilanci sani fino a pochi mesi prima falliscano o chiedano il concordato proponendo percentuali irrisorie ai creditori, quando non zero?

Nel bilancio di un'impresa ci sono molte voci che si prestano più facilmente, per la forte componente valutativa, a essere manipolate per mascherare le perdite nel caso d'impresa in crisi. Si va dalla capitalizzazione impropria di costi all'emersione in bilancio di valori di avviamento inesistenti, dalla mancata svalutazione dei crediti alla valorizzazione non corretta del magazzino e così via fino all'emissione di fatture fittizie negli ultimi giorni dell'esercizio per iscrivere crediti inesistenti con loro successivo immediato storno all'inizio del nuovo anno.

Tutte queste condotte sono riconducibili al falso in bilancio e la sostanziale depenalizzazione del reato in Italia nel 2001 ha creato una voragine sotto il profilo della prevenzione e della repressione favorendo quindi, tra l'altro, anche le operazioni di mascheramento del dissesto, con il conseguente aggravarsi dello stesso a danno dei creditori. Parrebbe che almeno a questo ora s'intenda porre rimedio.

Esistono in altri Paesi misure che favoriscono l'emersione delle crisi aziendali, per evitare lunghe catene di insolvenza?

Per esempio in Germania chi non paga viene inserito nel cosiddetto "libro nero dei debitori", che è consultabile da tutti con modalità telematica e rappresenta uno strumento di tutela preventiva per i fornitori e in genere per creditori.

Ma è la Francia il Paese in cui, attraverso le misure d'allerta, è stato introdotto il sistema più efficace di emersione tempestiva della crisi d'impresa: la società che smette di pagare il fisco o la previdenza o manifesta altri indici d'insolvenza rilevabili istituzionalmente viene segnalata al Tribunale di commercio, che convoca gli amministratori per verificare che sussistano le condizioni e la volontà di risanare e concedere eventualmente a tal fine un adeguato termine. Altrimenti si apre d'ufficio la procedura di liquidazione e in questo modo l'insolvenza è intercettata tempestivamente. La sua emersione non è lasciata all'iniziativa dei soli creditori, che normalmente perseguono il risultato di soddisfare il proprio credito prima degli altri non anteponendo certamente la prospettiva di una composizione globale della crisi nell'interesse di tutti i creditori. Non accade che, come in Italia, quando si arriva al fallimento i creditori più forti abbiano già da tempo attuato le soluzioni che tutelano al meglio i loro crediti con atti ormai irrevocabili e molti altri creditori si siano fatti pagare con varie istanze di fallimento via via desistite.

L'introduzione del sistema delle misure d'allerta in Italia era previsto nel progetto di riforma della Commissione Trevisanato del 2004, ma non se ne fece nulla per resistenza miope di molti che vi hanno voluto vedere anziché uno strumento di tutela delle imprese creditrici una sorta di limitazione della libertà d'impresa.

Va però aggiunto anche che negli altri Paesi normalmente, nei fatti, è molto più efficace e severa la repressione delle condotte di bancarotta fraudolenta, posto che in Italia vi è un'area d'impunità vastissima pur non mancando norme sulla carta molto severe. Sempre in un'ottica di prevenzione del dissesto, è da rilevare che negli altri Paesi le imprese sono normalmente più capitalizzate delle nostre e spesso la legge pone dei requisiti di proporzione tra ammontare del capitale e dimensioni dell'impresa.

Oltre alle misure d'allerta, andrebbero introdotti in Italia anche altri istituti per favorire l'emersione rapida della crisi d'impresa: si pensi per esempio a degli incentivi, in termini di eliminazione di sanzioni fiscali o di esclusione della responsabilità per eventuali reati fallimentari non connotati dalla fraudolenza, per l'impresa che rivela tempestivamente la propria condizione d'insolvenza e propone subito il concordato preventivo. Oppure, come in altri ordinamenti, si potrebbe prevedere che chiunque, anche per esempio un fornitore o un altro imprenditore, possa sottoporre ai creditori una proposta di concordato che, a fronte di una certa percentuale di soddisfacimento, preveda il trasferimento a suo favore dell'azienda liberata dei debiti. Questo potrebbe rappresentare un fortissimo incentivo al titolare dell'impresa insolvente a non rimanere inerte perché qualcun altro, rivolgendosi direttamente ai creditori, potrebbe farsi trasferire l'azienda per assicurane una migliore gestione.

È auspicabile che di questo si discuta, visto che è stato avviato ora un nuovo intervento di riforma della legge fallimentare.

Si sente dire spesso che gli imprenditori un tempo erano diversi, ci si poteva fidare. È vero che oggi la situazione è peggiorata?

Questo dipende dai profondi mutamenti del sistema economico. Indubbiamente in un sistema in gran parte incentrato su imprese con forte radicamento locale erano meno frequenti le condotte spregiudicate che abbiamo conosciuto negli ultimi decenni. Gli imprenditori operavano molto spesso in forme giuridiche che li esponevano anche personalmente al rischio del fallimento e comunque erano inseriti in un sistema di relazioni sociali caratterizzate dalla conoscenza personale.

Oggi i meccanismi della prevenzione sociale non sono certamente più sufficienti e non bastano neppure i sistemi dell'autoregolazione delle imprese, date soprattutto le cosiddette asimmetrie informative, per cui la maggior parte dei creditori scopre l'insolvenza dei propri debitori troppo tardi e si trova molto più esposto alle relative conseguenze rispetto ai creditori con flussi informativi privilegiati. I singoli creditori, poi, quando scoprono l'insolvenza, finché possono, cercano comprensibilmente di strappare un qualche risultato per sé e non avviare procedimenti di sistemazione razionale del dissesto. A questi si arriva quando ormai vi è un cumulo di macerie e tali sistemi si rivelano in gran parte dei simulacri o, in altri termini, quasi una beffa per i creditori, perché ormai è rimasto ben poco da liquidare e ripartire.

Roberto Fontana è sostituto procuratore di Piacenza
e già giudice delegato del Tribunale fallimentare di Milano.

Si ringraziano per la collaborazione Bruno Anastasia,
Graziella Della Colletta, Luca Martin.

Indice

Altri titoli

Elisa Cozzarini
Il deserto negli occhi

Gianluca Amadori, Monica Andolfatto, Maurizio Dianese
MOSE
La retata storica

Margherita Hack, Pierluigi Di Piazza
Io credo
Dialogo tra un'atea e un prete

Collettivo Senza Slot
Vivere senza slot
Storie sul gioco d'azzardo tra ossessione e resistenza

Francesco Vallerani, Mauro Varotto
Il grigio oltre le siepi
Goeografie smarrite e racconti del disagio in Veneto

Marina Piazza
Attacco alla maternità
Donne, aziende, istituzioni

Paolo Giaretta
Con i se e con i ma
Fare politic ai tempi dell'antipolitica

Stampato da Grafiche del Liri - Isola del Liri, Frosinone

Edizione
1 2 3 4 5 6

Anno
2015 2016 2017 2018